AI, 발명과 특허

AI문고

인공지능 시대입니다. 기계가 인간의 인지를 대신하고, 사물이 인간을 통하지 않고 다른 사물과 직접 커뮤니케이션합니다. 이에 따른 인간 삶과 문명 변화를 정확히 이해·예측·대응하는 것은 이 시대 우리 모두의 과제입니다. AI문고는 인공지능 기술과 환경의 여러 주제를 10가지 키워드로 정리합니다. 관련 개념과 이론, 학계와 산업계의 쟁점, 우리 일상의 변화를 다룹니다. 인간과 기술의 현재, 미래를 세심히 분석합니다.

일러두기

- 인명, 작품명, 저서명, 개념어 등은 한글과 함께 괄호 안에 해당 국가의 원어를 병기했습니다.
- 외래어 표기는 현행 어문규정의 외래어표기법을 따랐습니다. 단, 딥러닝(Deep Learning), 솔루션(Solution) 등 업계에서 굳어진 표현은 관행을 따랐습니다.

처음이세요?

전문가세요?

AI, 발명과 특허

차경애

대한민국, 서울, 커뮤니케이션북스, 2025

AI, 발명과 특허

지은이 차경애
펴낸이 박영률

초판 1쇄 펴낸날 2025년 2월 25일

커뮤니케이션북스(주)
출판 등록 2007년 8월 17일 제313-2007-000166호
02880 서울시 성북구 성북로 5-11
전화(02) 7474 001, 팩스(02) 736 5047
commbooks@commbooks.com
www.commbooks.com

ISBN 979-11-7307-763-0 03500

책값은 뒤표지에 표시되어 있습니다.

차례

AI, 발명과 특허

특허는 본래 아이디어 창작자의 권리를 법적으로 보호하고, 이를 통해 창작자가 경제적 수익을 얻을 수 있는 기회를 제공하는 수단이다. AI가 발명의 대상이든, 도구이든 관계없이 AI가 관여한 특허는 이러한 기본 원칙의 적용을 받아야 한다. 그러나 AI가 독립적으로 발명자로 인정될 수 있는지에 대해서는 여전히 법적 · 윤리적 논의가 진행 중이며, 이 과정에서 발생할 수 있는 다양한 쟁점을 이해하고 해결하는 것이 중요하다.

AI 기술이 발전함에 따라 발명의 개념과 창작 과정에서 AI의 역할이 점차 확대되고 있다. 기술의 발전이 기존 법률 체계와 충돌하는 경우가 늘어나는 만큼, AI의 기여도를 평가하고 특허법 내에서 이를 명확하게 정의하는 과정이 필요하다.

결국 AI의 기여가 적절히 평가되고, 인간 창작자의 권리를 보호하는 동시에 AI 기술의 발전을 촉진하는 특허 체계가 마련되는 것이 미래 기술 혁신에 핵심적인 과제가 될 것이다.

21세기는 AI 혁신의 시대다. AI는 단순한 기술적 도구를 넘어, 인간의 사고를 모방하고 창의적 결과물을 만들어 내는 수준으로 발전하며 우리의 일상과 산업 전반에 걸쳐 새로운 지평을 열고 있다. 이러한 AI의 창작 능력은 특히 특허법의 경계를 시험하는 새로운 도전과 기회를 제시한다.

특허법은 전통적으로 인간의 창의적 노력과 발명을 보호하기 위해 만들어진 제도다. 그러나 AI가 독창적인 발명을 창출할 수 있는 시대에 접어들면서, 특허법이 과연 이러한 변화를 수용할 준비가 되어 있는지에 대한 의문이 제기되고 있다. AI가 발명자로 인정받을 수 있는가? AI가 창출한 발명에 대해 누가 권리를 주장할 수 있는가? 특허법 체계는 AI 발명을 공정하게 다룰 수 있는가? 이와 같은 질문들은 단순히 법적 논의에 그치지 않고, 기술적, 윤리적, 철학적 측면에서도 중요한 함의를 지닌다.

이 책은 이러한 논의의 중심에 있는 다양한 쟁점을 다루고 있다. 특허법이 AI를 어떻게 수용할 수 있는지에 대한 논의는 국가와 국제사회, 기업, 학계 등 여러 이해관계자가 각기 다른 시각에서 접근해야 할 복합적인 과제다. 본 책에서는 다음과 같은 이유와 방식을 통해 논의 아이템을 선정하였다.

첫째, AI와 특허법의 접점에서 가장 논란이 되는 주제를 중심으로 아이템을 선정하였다. 이는 AI 발명의 정의, 발명자 자격, 특허권의 귀속, 그리고 AI 발명 평가 기준과 같은 핵심 문제들을 포함한다. 이러한 주제는 특허법의 기존 틀을 넘어서는 새로운 패러다임을 요구하며, 기술적 진보와 법적 안정성 사이에서 균형을 찾는 데 중요하다.

둘째, 논의의 보편성과 지역적 특수성을 모두 고려했다. AI 특허와 관련된 문제는 글로벌한 도전 과제이지만, 각국의 법적 체계와 문화적 배경에 따라 상이한 접근이 필요하다. 따라서 이 책은 국제사회의 논의 동향과 주요 국가의 입법 및 판례 사례를 분석하여, 독자가 보다 폭넓은 관점에서 문제를 이해할 수 있도록 했다.

셋째, 이 책의 논의 아이템은 이론적 분석과 실질적 적용 가능성을 동시에 고려하여 선정되었다. AI와 특허법의 만남은 단지 학문적 논의로 끝나는 것이 아니라, 실제 산업계와 연구 현장에서 영향을 미치기 때문에, 법적, 기술적, 윤리적 관점이 균형을 이루도록 구성했다.

그러나 이 책에서 모든 문제를 다루기에는 한계가 있었다. AI와 특허법의 접목이라는 주제는 기술의 발전 속도에 따라 지속적으로 변화하며, 이에 따라 새로운 쟁점들이 끊임없이 등장하고 있다. 특히 AI가 창출한 발명을 특허 제도 외의 다른 지식재산권 체계로 보호할 가능성에 대한 논의를 보다 심층적으로 다루지 못한 점은 아쉽다. 또한 AI 발명의 공정성과 형평성을 보장하기 위한 국제적 합의의 필요성과 이에 따른 구체적인 정책 제언 역시 이 책에서 충분히 조명하지 못했다.

AI가 창조한 발명을 보호하는 것은 단순히 권리를 부여하는 문제를 넘어, 기술 혁신의 생태계를 어떻게 형성하고 이끌어 갈 것인가에 대한 근본적인 고민을 요구한다. 기술과 법, 그리고 사회의 조화로운 발전을 위한 특허법의 역할은 앞으로 더욱 중요해질 것이다. 이 책은 이러한 문제의식 아래 출발했다. 이 책이 독자들에게 AI와 특허법의 복잡성을 이해하고, 이에 대한 자신만의 통찰을 키우는 데 도움을 줄 수 있기를 바란다.

이 책을 저술하는 과정에서 변리사들로부터 다양한 자문을 구하고, 우려와 궁금증에 대해서도 의견을 나누었다. 과거 소프트웨어(코드)를 지적재산권으로 등록하는 과정에서 재기된 모호성과 보호 수준에 대한 의문이 현재 AI 기술에 대해서도 비슷하게 제기된다.

소프트웨어의 저작권 등록은 권리 보호의 중요한 수

단이지만, 그 보호 범위가 명확하지 않은 경우가 많다. 이는 소프트웨어의 특성과 법적 해석의 차이에서 비롯되며, 저작권이 보호하는 범위와 소프트웨어의 기능적 측면 사이에서 발생하는 모호성이 그 핵심이다.

첫째, 아이디어와 표현의 경계 문제가 존재한다. 저작권은 표현을 보호하지만, 아이디어는 보호 대상이 아니다. 소프트웨어에서 코드는 표현으로 인정되지만, 알고리즘이나 기능은 아이디어로 간주될 수 있다. 이는 동일한 기능을 수행하는 소프트웨어가 서로 다른 코드로 구현될 경우, 저작권 침해로 인정되지 않을 가능성이 크다는 것을 의미한다. 결과적으로, 유사한 기능을 가진 소프트웨어가 시장에 출시되어도 저작권으로 보호받기 어렵다.

둘째, 독창성과 표준화된 코드의 구분이 어렵다. 소프트웨어 개발 과정에서 자주 사용되는 코드나 기능은 표준화되어 있으며, 이는 독창성이 부족하다고 평가될 수 있다. 예를 들어 로그인 처리, 데이터 저장 등의 기능은 대부분의 소프트웨어에서 유사한 방식으로 구현된다. 이러한 경우, 소프트웨어의 저작권 등록이 이루어져도 실질적인 보호는 제한적이다.

셋째, 저작권 등록과 실제 보호 범위가 불일치하는 경

우가 많다. 소프트웨어 저작권은 등록 없이도 보호되지만, 법적 분쟁에서 등록된 저작권이 입증 자료로 활용된다. 그러나 저작권 등록이 모든 법적 문제에서 절대적인 보호를 보장하는 것은 아니다. 법원은 소프트웨어의 실질적 독창성과 유사성을 기준으로 침해 여부를 판단하므로, 등록된 저작권이 분쟁에서 반드시 유리하게 작용하는 것은 아니다.

넷째, 소스 코드와 바이너리 코드 간의 차이도 중요한 문제로 작용한다. 저작권은 소스 코드를 보호하지만, 소프트웨어가 사용자에게 제공되는 형태는 대부분 바이너리 코드다. 이로 인해 저작권 보호가 소스 코드에 한정되고, 실제 배포된 소프트웨어에 대한 보호는 미흡할 수 있다. 바이너리 코드를 리버스 엔지니어링하여 유사한 소프트웨어가 개발될 경우, 저작권으로 이를 막는 데 한계가 따른다.

다섯째, 국제적인 보호의 불확실성도 존재한다. 소프트웨어 저작권은 국가별로 보호 기준이 상이하며, 한 국가에서 등록된 저작권이 다른 국가에서 동일하게 인정되지 않을 수 있다. 이러한 문제는 소프트웨어의 글로벌 시장 진출에 장애물이 될 수 있으며, 각국에서 개별적으로 저작권을 등록해야 하는 불편함을 초래한다.

결론적으로, 소프트웨어 저작권 등록은 권리 보호의 필수적인 과정이지만, 그 자체로 완전한 보호를 보장하지는 않는다. 소프트웨어의 특성상 저작권만으로는 보호가 불충분할 수 있으며, 특허, 상표권, 영업 비밀 등의 지식재산권과 병행하여 보호 체계를 구축하는 것이 필요하다. 따라서 소프트웨어 기업은 저작권 등록을 기반으로 한 다각적인 권리 보호 전략을 마련하는 것이 중요하다.

마지막으로, 이 책이 AI와 특허법이라는 주제에 대한 활발한 논의와 연구의 출발점이 되기를 바란다. 독자 여러분의 비판적 시각과 창의적인 아이디어가 이 책에서 다룬 주제들을 더욱 풍부하게 만들 것으로 기대한다. 이러한 논의가 미래 기술의 법적 틀을 형성하고, AI가 창출할 무궁무진한 가능성을 공정하게 보호하는 데 기여하기를 바란다.

01
특허 제도의 본질과 AI

특허 제도는 발명자가 발명을 공개하는 대가로 일정 기간 독점권을 부여받아 기술 혁신과 사회 발전을 촉진하는 것을 목표로 한다. 그러나 AI 시대에는 기계 발명 등 새로운 형태의 발명이 등장하면서 발명자 자격과 권리 귀속 문제 등 기존 제도의 한계가 드러나고 있다. 이에 따라 AI 발명에 대한 법적 · 윤리적 논의와 제도적 개선이 필요하다. 앞으로 AI 발명의 권리 귀속, 발명자 정의, 윤리적 책임에 대한 논의는 특허 제도의 발전에 중요한 역할을 할 것이다.

AI와 1인 창업?

특허 제도의 본질

특허 제도는 발명자의 창의적 노력을 보호하고, 이를 사회에 공개하여 기술의 발전과 확산을 도모하는 제도다. 발명자는 일정 기간 동안 배타적 권리를 가지며, 이를 통해 투자와 연구 개발(R&D)에 대한 보상을 받을 수 있다. 특허 제도의 궁극적인 목적은 새로운 기술 개발을 장려하고, 이를 통해 경제와 사회의 발전을 촉진하는 것이다(WIPO, 2019). 13년간 기업을 이끌며, 기업의 근간을 견고히 하기 위한 핵심 동력을 특허권 확보라 여겨 왔다. 이를 위해서 지속적인 기술 개발이 필수적인데, 이는 기술이 온전히 보호받을 수 있다는 믿음과 이를 바탕으로 기업과 경제가 활성화되고 발전할 수 있다는 신념이 있어야 가능한 일이다.

특허 제도의 기본 원리는 "공개 대가의 독점"이라 할 수 있다. 발명자는 자신의 발명을 공개함으로써 다른 사람들이 이를 학습하거나 개선할 수 있게 하고, 그 대가로 법적 보호를 받아 독점적인 사용권을 갖는다. 이는 발명에 대한 인센티브를 제공하고, 기술 발전을 사회 전반에 확산시키려는 목적을 가지고 있다.

성장 가능성을 키우고 건강하게 성장하는 기업이 되기 위한 방법 중 하나로 지속적인 기술 개발 활동이 있다. 기업은 기술 개발을 준비하는 과정에서 기존에 공개된 유사한 기술이 있는가를 확인하는 절차를 거친다. 개발한 기술을 상용화하기 위해서는 기술이 이미 특허 등록을 마쳤는지 상용화가 되었는지를 확인하는 것이 매우 중요한데, 이는 시장에서의 독점권이 주어질 수 있는지를 결정하는 매우 중요한 요인이 되기 때문이다.

AI 도입이 가져오는 특허 제도의 변화와 미래

AI는 발명 활동에서 도구를 넘어 창의적 주체로 작용하고 있다. AI는 방대한 데이터를 분석하고, 기존 패턴에서 벗어난 혁신적인 결과를 도출할 수 있는 능력을 보유하고 있다. 이는 AI가 전통적으로 인간 발명자의 역할을 대신할 수 있음을 의미하며, 이에 따라 기존 특허 제도는 다음과 같은 도전에 직면하고 있다.

특허 제도는 발명자를 인간으로 정의하고 있다. 그러므로 AI가 창의적으로 기여하는 발명에 대해 AI를 발명자로 인정할 수 있을지가 주요 쟁점이다. 예를 들어, 다부스(DABUS) 사건에서 AI가 발명한 창작물의 특허 신청이 거부된 사례는 이러한 논의의 중심에 있다(Smith, 2021).

AI가 창출한 발명에 대해 권리가 누구에게 귀속되는

지에 대한 명확한 규정이 필요하다. 일반적으로는 AI를 소유하거나 운영하는 인간 발명자 또는 법인이 권리를 가지지만, AI의 자율적 창작이 확대됨에 따라 이 규정이 도전받고 있다(KIPO, 2021).

현재 대한민국에서는 AI가 독자적으로 창작한 발명에 대해 특허를 인정한 사례가 없다. 특허법상 발명자는 자연인, 즉 사람으로 한정되기 때문이다. 미국의 AI 개발자인 스티븐 테일러 박사가 자신이 개발한 AI '다부스'를 발명자로 명시하여 특허를 출원한 사례가 있으나, 한국을 포함한 대부분의 국가에서는 '자연인만이 발명자가 될 수 있다'는 이유로 이러한 특허 신청을 거절했다(KIPO, 2023).

다만 AI가 창작한 콘텐츠에 대한 저작권 인정 사례는 존재한다. 2024년 1월, 생성형 AI로 제작된 영화 〈AI 수로부인〉이 한국저작권위원회로부터 '편집저작물'로 등록되어 저작권을 인정받았다. 이는 AI가 생성한 이미지, 영상 등을 인간이 편집하고 배열한 부분에 창작성이 있다고 판단된 결과다(AI타임스, 2024).

이러한 사례는 AI의 창작물에 대한 법적 보호와 권리 인정에 대한 논의가 저작권 분야에서 일부 진행되고 있음을 보여 주지만, 특허법 분야에서는 아직 AI를 발명자로 인정하는 데에 이르지 못하고 있다.

대단히 많은 데이터를 축적하면 그것을 조합하는 것을 통해 새롭게 무언가를 창조할 수 있다.

AI는 글을 쓰고, 그림과 노래를 만들고 발명을 한다. 아직까지는 이들 발명이 법적 보호를 받지 못하지만, 앞으로는 달라질 예정이다.

특허청의 인공지능 창작물 권리 보호 계획에 따르면, 2021년 범부처 협의를 통한 기본 원칙을 수립하고 2022년 국제지식재산기구 논의를 주도한다. 부정경쟁방지법 등을 통해 무단 이용 등 침해 행위를 방지하고, 기계 학습(machine learning)에 사용될 경우에는 저작권 침해에 대한 면책 규정을 마련할 예정이라고 밝혔다.

특허 전쟁, 배상이라 쓰고 금융 치료라 부른다.

특허는 발명자가 독점적 권리를 보장받는 강력하고 합법적인 수단이다. 기술을 보호하는 완벽한 방패 역할을 해야 하지만, 현실에서는 종종 허술하게 뚫리기도 한다. 이러한 경우를 대비해 대안 마련이 필요하며, 이른바 '금융 치료'는 효과적인 응급 처방이 될 수 있다.

카메라 제조 회사 폴라로이드(Polaroid)는 카메라 필름 제조 회사 코닥(Kodak)이 즉석카메라를 출시하자,

자사의 특허 열두 개를 침해했다고 주장하며 1976년 4월 코닥을 상대로 소송을 제기했다. 15년에 걸친 소송 끝에 코닥은 폴라로이드에 8억7300만 달러를 배상하게 되고, 결국 즉석카메라 사업을 포기하게 된다. 이처럼 특허를 가진 기업은 법에 의해 보호받지만 특허를 침해한 기업은 치명적인 타격을 입는다(KDI 경제정보센터, 2021).

LG화학(현 LG에너지솔루션)은 전기차 배터리 기술에서 선도적인 기술력을 보유하고 있으며, 이를 기반으로 다수의 특허를 출원했다.

SK이노베이션은 LG화학의 배터리 기술을 침해했다는 이유로 2019년 미국 국제무역위원회(ITC)에 소송을 제기받았다. LG화학은 SK이노베이션이 자사의 배터리 제조 공정과 관련된 특허를 침해했다고 주장했다. 특히,배터리 생산과 관련된 핵심 기술이 LG화학의 특허에 의해 보호받고 있다는 점이 강조되었다. 미국 국제무역위원회는 LG화학의 주장을 받아들여 SK이노베이션의 일부 배터리 제품에 대해 미국 수입 금지 명령을 내렸다. 분쟁의 결과, SK이노베이션은 2021년 LG화학과의 합의에서 약 2조 원 규모의 금전적 보상을 지불하기로 했다.

이 특허 침해 보상 사례는 LG화학과 SK이노베이션의

배터리 특허 분쟁이 특허 제도가 단순히 기술을 보호하는 것에 그치지 않고, 침해 시 금전적 보상을 통해 기술 기반 비즈니스의 공정성을 확보하고 경쟁력을 강화하는 중요한 수단임을 입증한 대한민국의 대표적인 사례다.

국가는 왜 특허권을 부여해 새로운 기술을 발명한 사람이나 기업을 보호해 주는 것일까? 많은 시간과 비용, 그리고 노력을 들여 개발한 새로운 기술을 대가 없이 누구나 사용한다면 새로운 기술을 발명한 뒤 세상에 공개하려는 사람이 많지 않을 것이고 결국 산업의 발전은 더뎌질 수밖에 없다. 비슷한 기술을 개발할 때 모든 사람이 처음부터 시작해야 한다면, 사회 전체적으로 중복 투자가 늘어나 시간과 비용을 낭비하게 된다. 대신 그 기술을 필요로 하는 측이 기술을 개발한 측에 사용료를 지불하고 정당하게 기술을 사용한다면 어떤 일이 일어날까? 새로운 기술을 개발하려는 시도는 계속되고, 그 기술을 발판으로 삼아 또 다른 기술이 더 많이 개발되면서 산업은 더욱 발전하게 될 것이다. 이처럼 특허 제도는 발명가를 보호하는 동시에 기술의 발전을 촉진하는 수단이라고 할 수 있다.

기존 특허 제도가 직면한 도전

AI의 발명 참여로 기존 특허 제도는 새로운 도전에 직면했다. AI는 기술 혁신을 가속화하지만, 발명 주체와 권리 귀속 문제에 대한 법적·윤리적 논의가 필요하다. 인간 중심의 특허법이 AI 발명을 수용할 수 있을지 재검토가 요구된다. AI 발명의 권리와 책임 소재는 특허 제도의 핵심 쟁점으로 부각되고 있다.

AI는 현대 기술 혁신의 핵심 주체로 자리 잡고 있다. AI는 데이터를 학습하고 분석하는 능력을 통해 기존의 연구 방식과는 차별화된 창의적 발명을 가능하게 하며, 이는 특허 제도가 설계된 기본 틀에 도전하고 있다. 특허 제도는 발명자의 창의적 노력을 보호하고, 기술 발전을 촉진하며, 경제적 보상을 제공하기 위해 만들어졌다. 그러나 AI가 창출한 발명에 대해 기존 특허 제도가 이를 수용할 수 있는지에 대한 논의가 활발히 진행 중이다. 대한민국 특허청은 AI 관련 특허의 급증에 따라 AI 발명을 다룰 수 있는 심사 기준을 정립하고, AI 발명을 평가하기 위한 기술적·법적 체계를 마련 중에 있다(KIPO, 2021).

특허 제도의 제도적 정비

특허 제도의 개선, AI와 데이터 활용을 위한 법적 기반 구축, 그리고 AI와 특허의 국제 표준화에서 그 해답을 찾을 수 있다.

첫 번째는 특허 심사 기준 개선이다.

대한민국 특허청은 AI 발명과 관련된 특허 심사를 효율적으로 진행하기 위해 새로운 가이드라인을 마련하고 있다. 예를 들어 AI 기반 발명에서 창의성 요건을 충족하기 위해 AI가 발명에 기여한 구체적인 과정을 상세히 명시하도록 요구하는 절차를 추가하고 있다(KIPO, 2021). 명확한 심사 기준은 AI 발명을 보호하는 특허권자의 신뢰를 높이고, AI 기술 기반의 상업화와 투자 촉진에 기여할 수 있다.

두 번째는 데이터 활용법의 정비다.

AI 발명을 위한 데이터는 핵심 자산이므로, 데이터의 수집, 저장, 공유, 활용에 대한 법적 체계를 정비하는 것이 중요하다. 대한민국의 데이터 3법 개정(2020)은 개인 데이터를 비식별화하여 활용할 수 있도록 허용해 AI 개발 및 데이터 기반 산업의 성장을 촉진했으며, 이를 통해 AI 기술이 필요한 대규모 데이터를 안전하게 사용할 수 있는 환경을 제공했다(국회, 2020).

세 번째는 AI 특허 라이선싱 생태계 구축이다.

AI 기반 기술 특허의 라이선싱을 체계적으로 관리하

고, 기술 이전을 활성화할 수 있는 특허 풀(Patent Pool) 제도를 도입하면 기술 활용도를 극대화할 수 있다. 미국의 엠페그 엘에이(MPEG LA)는 비디오 코덱 기술 특허를 관리하기 위해 특허 풀을 운영하고 있으며, 여러 기업이 이를 통해 기술을 활용할 수 있도록 한다. 대한민국에서도 AI 기술과 관련된 특허를 라이선싱하거나 표준화 기술로 지정해 여러 기업이 활용할 수 있도록 특허 풀 도입을 검토할 수 있다. 라이선싱 생태계는 중소기업과 스타트업이 고비용의 특허 라이선스 장벽을 극복할 수 있게 하며, AI 기술의 보급과 시장 확대를 촉진한다.

네 번째는 국제 협력과 표준화다. AI 기술과 관련된 특허 분쟁을 줄이고, 글로벌 시장에서 기술의 호환성을 높이기 위해 국제 표준화와 협력이 중요하다. 세계지식재산기구(WIPO)는 AI 발명을 다룰 수 있는 국제적 특허 기준 마련을 위해 회원국 간 협력을 진행하고 있다(WIPO, 2020).

마지막은 AI 윤리 및 책임 규정의 마련이다. AI 발명이 윤리적 문제를 초래하지 않도록 사전 규제와 책임 분배 체계를 마련하는 것이 중요하다. 유럽연합(EU)은 2021년 AI 규제 법안(AI Act)을 발표하여, 고위험 AI 시스템에 대한 책임과 안전 기준을 정비했다. 대한민국도

AI 기술의 윤리적 활용을 보장하기 위해 관련 법안을 추진 중이다. 윤리적 규정을 통해 AI 기술에 대한 신뢰도를 높이고, 소비자와 기업 간의 신뢰를 기반으로 AI 기술의 상용화를 가속화할 수 있다.

경제적 가치를 극대화하기 위한 제도적 정비는 AI 기술의 보호와 활용을 동시에 가능하게 하는 법적 · 제도적 기반을 마련하는 데 있다. 대한민국은 데이터 활용법 개정, 특허 심사 기준 정비, 라이선싱 생태계 구축, 국제 협력, 윤리적 규정 마련 등을 통해 AI 기술의 혁신을 촉진하고, 이를 통해 경제적 가치를 극대화하는 방향으로 나아가고 있다.

참고문헌

대한민국 국회(2020). 데이터 3법(개인정보보호법, 정보 통신망법, 신용정보법) 개정안.

KIPO(2023). AI 발명과 특허법: 다부스(DABUS) 사건을 중심으로. 특허청 보고서.

AI타임스(2024.1). AI 생성 콘텐츠, 편집저작물로 저작권 인정. http://aitimes.com

KIPO(2021a). AI와 특허 관련 법적 연구.

KIPO(2021b). AI와 특허 관련 법적 연구 및 심사기준 개선.

KDI 경제정보센터(2021). 특허는 기술 발전에 어떤 영향을 줄까?

WIPO(2019). What is Intellectual Property?

WIPO(2020). Artificial Intelligence and Intellectual Property: A

WIPO Overview.
Smith, R.(2021). AI and Patent Law: The DABUS Case and the Future of Inventorship. Oxford University Press.

02
발명 구성으로서의 AI

AI는 기술 혁신의 핵심 도구로 자리 잡으며, 발명 과정에서 본질적인 구성 요소로 부상하고 있다. AI는 데이터 분석과 설계를 통해 인간의 창의성을 보완하거나 새로운 아이디어를 제안하며, 다양한 산업에서 혁신을 이끌고 있다. 이러한 변화는 발명 구성 요소의 정의를 재해석하게 만들고, AI와 인간의 협력적 발명 패러다임을 형성한다. 이 장에서는 AI의 발명 과정 참여 방식과 그 경제적 · 법적 · 윤리적 영향을 탐구한다.

AI와 MBTI?

단순한 도구 이상의 AI

인공지능은 단순히 혁신의 도구로 사용되던 단계를 넘어, 발명 과정의 본질적인 구성 요소로 자리 잡고 있다. 과거 발명 과정에서 중요한 구성 요소로 여겨졌던 물질, 공정, 설계와 같은 전통적인 요소에 AI가 추가되며, 발명의 패러다임은 근본적으로 변화하고 있다. '발명 구성으로서의 AI'는 AI가 발명 활동의 필수적인 부분으로 작용하는 방식과 그 영향력을 탐구하는 주제다.

AI는 방대한 데이터 분석, 복잡한 문제 해결, 창의적인 설계 제안을 통해 발명 활동의 범위와 속도를 크게 확장하고 있다. 첫 번째 AI의 역할은 데이터 분석 및 아이디어 생성으로의 확장이다.

AI는 방대한 데이터를 처리하고 분석하여 발명 과정에서 창의적인 아이디어를 도출하는 데 중요한 역할을 한다. 신약 개발 과정에서 AI는 화합물 데이터베이스를 분석하고, 질병에 효과적인 분자를 설계하는 데 활용된다. AI는 인간이 다루기 어려운 대규모 데이터를 기반으로 새로운 가능성을 탐색하며, 발명 초기 단계에서 중요한 구성 요소로 작용한다.

두 번째 AI의 역할은 설계 최적화와 자동화로의 확장이다. AI는 설계의 복잡성을 줄이고, 최적화된 설계 방안을 제안할 수 있다. 오토데스크(Autodesk)의 제너러티브 디자인(Generative Design) 기술은 AI를 활용하여 설계 조건을 기반으로 수천 개의 설계 옵션을 자동으로 생성하고, 발명자가 설계 과정을 보다 효율적으로 관리할 수 있도록 돕는다. AI는 발명 구성 요소로서 설계의 속도와 품질을 동시에 높이며, 인간 발명자의 창의적 역할을 보완한다.

세 번째 AI의 역할은 문제 해결과 공정 혁신으로의 로의 확장이다. AI는 복잡한 문제를 해결하고, 발명 과정에서 새로운 공정을 개발하는 데 핵심적인 역할을 한다. 삼성전자는 AI를 활용하여 반도체 제조 공정에서 오류를 줄이고 생산 효율성을 높이는 기술을 개발했다. 이는 AI가 제조 공정의 중요한 구성 요소로 활용되는 대표적인 사례다.

'발명 구성으로서의 AI'는 단순한 기술 도구로의 활용을 넘어, 발명 과정의 필수적인 요소로 자리 잡고 있다. AI는 발명 초기 단계에서의 데이터 분석, 설계 과정에서의 최적화, 그리고 공정 혁신에 이르기까지 발명 활동 전반에 걸쳐 깊이 관여하며, 인간과 협력하여 혁신을 촉진하고 있다.

AI가 발명 구성 요소로 작용함에 따라, 기술적 · 경제적 이점뿐만 아니라, 법적·윤리적 과제를 해결하는 데도 주의를 기울여야 한다. 이러한 노력은 AI와 인간의 협력을 기반으로 한 지속 가능한 발명 생태계를 구축하는 데 핵심적인 역할을 할 것이다.

AI는 발명 과정에서 인간의 한계를 보완하고, 새로운 공정 개발을 가속화하는 데 기여한다.

AI는 발명의 핵심 구성 요소로서 중요한 역할을 한다. AI 알고리즘이 특정 기술적 문제를 해결하기 위해 설계되거나 사용되는 경우, 그 AI는 발명의 구성 요소로 인정될 수 있다. 이는 특히 AI 기술이 기존의 문제를 해결하기 위해 새롭고 창의적인 방법을 제공할 때 성립된다. 예를 들어, 자율 주행 차량에서 AI가 센서 데이터를 분석하여 차량의 주행 경로를 결정하는 알고리즘을 제공하는 경우, 이 AI는 발명의 중요한 구성 요소로 작용한다는 것이다.

또한 AI는 기존 발명의 개선을 위한 도구로 사용될 수 있다. AI는 기존 기술을 개선하거나 최적화하는 데 도움을 줄 수 있으며, 이 경우 AI는 발명의 구성 요소로 간주될 수 있다. 예를 들어, 기존의 산업 공정에서 AI를 사용하여 생산 효율성을 높이거나 에너지 소비를 줄이는 방법을 개발하는 경우, 이러한 AI 기반의 개선 기술은 새로운 발명의 구성 요소로 인정될 수 있다(EPO, 2022).

더해서 AI는 발명의 자동화된 창조 과정을 가능하게 한다. AI는 특정 문제에 대한 해결책을 스스로 학습하고 생성할 수 있는 능력을 가지고 있으며, 이러한 AI가 발명 과정에 직접적으로 참여하는 경우, AI 자체가 발명의 구성 요소로 간주될 수 있다(USPTO, 2021). 따라서 '발명 구성으로서의 AI'는 AI 기술이 새로운 발명품의 개발 과정에서 중요한 역할을 하거나, 기존 발명의 개선 및 자동화된 창조 과정에 기여하는 것을 의미한다. 이와 같은 AI의 역할은 발명의 법적 보호와 특허 요건을 고려할 때도 중요한 요소로 작용한다는 점에서 그 중요성이 더욱 강조된다(B. Hattenbach & J. Glucoft, 2019).

인공지능 AI발명의 특허요건과 기재요건

기계 학습 기반 AI 기술을 활용한 발명의 특허 출원에 적용되는 AI 발명 심사 기준의 특허 요건과 기재 요건을 살펴본다.

명세서 기재요건

· AI 발명 구현을 위한 구체적 수단(학습 데이터/전(前)처리/학습 모델 등) 제시 및 구체적 수단을 명세서에 기재

· 입력 데이터와 학습 모델의 출력 데이터 간 상관관계 기재
· 데이터 전처리 기술이 특징인 경우 원시 데이터와 학습 데이터 간 상관관계 구체적으로 기재
· 강화 학습 기반 AI 기술은 에이전트, 환경, 상태, 행동, 보상을 필수 구성으로 기재
· AI 응용 발명은 통상의 학습 모델명 기재 가능 등 기재방식 제시

AI 특허에서는 단순히 "이 AI는 문제를 해결합니다"라는 식으로만 설명하는 것이 아니라, 그 AI가 문제를 해결하기 위해 구체적으로 어떤 기술적 과정을 거치며, 이를 하드웨어나 소프트웨어로 어떻게 구현할 수 있는지 자세하게 설명해야 한다.

발명의 성립성

· 현행 컴퓨터-소프트웨어 발명의 판단 기준을 유지
· 소프트웨어 정보 처리가 하드웨어를 이용하여 구체적으로 실현될 것

예를 들어 당신이 "자율 주행 차량의 경로 최적화를

위한 AI 시스템"에 대한 특허를 내려고 한다고 가정해 보자. 첫 번째 기준은, 현행 컴퓨터-소프트웨어 발명의 판단 기준을 유지한다는 것이다. 즉 이 AI 시스템이 단순히 추상적인 개념이 아니라, 구체적인 기술적 문제를 해결해야 한다는 것이다. 실제로 차량이 경로를 따라 움직이게 하는 방법을 명확히 설명해야 한다. 이 설명에는 경로를 계산하기 위해 어떤 알고리즘을 사용하는지, 그 알고리즘이 어떻게 작동하는지, 그리고 이 계산된 경로가 차량의 물리적 제어와 어떻게 연결되는지가 포함되어야 한다.

두 번째 기준은 소프트웨어 정보 처리가 하드웨어를 이용하여 구체적으로 실현될 것을 요구한다. 예를 들어 AI 시스템이 경로를 계산하는 소프트웨어라면 이 소프트웨어가 어떤 하드웨어와 상호 작용하여 차량을 실제로 움직이게 할 것인지를 명확하게 설명해야 한다. 이 설명에는 AI가 차량의 센서 데이터를 어떻게 받아들이고, 이 데이터를 어떻게 처리하며, 처리 결과가 차량의 제어 시스템에 어떻게 전달되어 차량의 방향, 속도 등을 제어하는지에 대한 구체적인 내용이 포함되어야 한다. 단순히 기존에 존재하는 AI 기술을 활용하는 것만으로는 특허를 받기 어렵지만, 기존 기술과 다른 구체적인 차별점을 제시하거나 더 나은 효과를 발생시키는 경우에 진보성과 신규성을 인정받을 수 있다.

신규성 진보성

· AI 기술을 구체적으로 미기재시 공지된 AI 기술의 단순 이용에 해당

· 전처리, 학습 모델, 학습 데이터 등 구체적인 수단을 구체화하고, 그 차이로 '더 나은 효과'가 인정되면 진보성 인정

· 비즈니스 모델(BM) 기술을 공지된 AI 기술로 단순 시스템화한 경우 진보성 불인정

· AI 발명의 결과 데이터 활용을 구체화하여 더 나은 효과 발생 시 진보성 인정

· 산업 분야가 다른 경우, 기술적 곤란성을 극복하거나 산업 분야의 변경에 따른 효과 참작

의료 영상에서 암 세포를 식별하는 AI 모델을 개발했다고 가정할 때, 이 모델은 기존과는 다른 특수한 전처리 기법을 사용하고, 새로운 딥러닝 아키텍처를 적용하며, 대량의 고품질 의료 데이터를 활용하여 기존 모델보다 15퍼센트 더 높은 정확도를 달성했다. 이러한 구체적인

기술적 차별성과 향상된 성능을 명확하게 제시하면, 진보성이 인정되어 특허를 받을 수 있다. 비즈니스 모델을 단순히 기존의 AI 기술을 통해 자동화하거나 시스템화하는 것은 기술적인 진보로 인정되지 않는다. 이는 새로운 발명이 아니라 기존 기술의 단순한 적용에 불과하기 때문이다. 예를 들어 음식 배달 서비스를 운영하는 회사가 "AI를 사용하여 고객 주문을 자동으로 배정하고 배송 시간을 예측하는 시스템"을 특허로 신청한다고 가정할 때, 여기서 사용된 AI 기술이 특별한 혁신 없이 기존의 경로 최적화 알고리즘과 예측 모델을 그대로 활용한 것이라면, 이는 진보성이 없는 것으로 판단되어 특허로 인정받기 어렵다. 농업 분야에서 "작물의 성장 상태를 모니터링하는 AI 시스템"을 개발했다고 가정할 경우 이 시스템은 드론으로 촬영한 이미지를 분석하여 작물의 건강 상태를 진단하고, 그 결과 데이터를 기반으로 특정 영양소의 적정 투입량과 시기를 자동으로 결정하여 제안한다. 이를 통해 작물 생산량이 기존 대비 25퍼센트 증가하고, 자원 사용 효율이 크게 향상되었다면, 이러한 결과 데이터의 구체적이고 효과적인 활용은 진보성으로 인정받아 특허 획득이 가능할 것이다.

산업 분야가 다를 경우, 기술적 곤란성을 극복하거나

산업 분야의 변경에 따른 효과 참작의 경우, 기존에 한 분야에서 사용되던 AI 기술을 완전히 다른 산업 분야에 적용하면서 발생하는 기술적 어려움을 극복하고 그로 인해 새로운 효과를 얻었다면, 이는 진보성으로 인정될 수 있다.

참고문헌

특허청(2020). 인공지능 발명의 심사 기준(심사 실무 가이드).

특허청(2023). 『한국 특허청 심사 기준 및 관련 사례집』.

Ariad Pharmaceuticals, Inc. vs. Eli Lilly & Co., 598 F.3d 1336(Fed. Cir. 2010).

Autodesk(2021). Autodesk Generative Design.

B. Hattenbach & J. Glucoft(2019). Patenting Artificial Intelligence Inventions. *Stanford Technology Law Review.*

CAFC(2010). Case of Ariad Pharmaceuticals, Inc. v. Eli Lilly & Co.

EPO(2009). Case of Genentech v. Biogen.

EPO(2022). Guidelines for Examination.

KIPO(2024). Samsung Electronics AI Patents.

Nature(2020). DeepMind's AlphaFold.

USPTO(2021). Artificial Intelligence and Innovation Policy.

Thaler, S.(2019). Case of DABUS AI patent: AI and intellectual property. ArXiv. https://arxiv.org/abs/1905.00136

03
발명 도구로서의 AI

인공지능은 현대 사회에서 창의적 혁신을 가속화하는 강력한 도구로 자리 잡고 있다. 과거 발명 과정에서 인간의 경험과 직관이 중심이었다면, 이제는 AI가 발명자의 보조자 역할을 하며, 데이터 분석, 설계 최적화, 문제 해결 등의 다양한 분야에서 발명의 효율성과 정확성을 극대화하고 있다. '발명 도구로서의 AI'는 AI가 발명 과정을 어떻게 혁신하고, 인간 발명자와 협력하여 창의적 활동을 확장하는지에 대해 탐구한다.

AI와 난임 극복?

발명 도구로서의 AI의 정의와 역할

AI는 데이터를 학습하고, 패턴을 분석하며, 인간이 미처 인식하지 못한 가능성을 제시할 수 있는 도구로, 발명 과정 전반에 걸쳐 활용되고 있다. 이러한 도구로서의 역할은 크게 다음 세 가지로 구분된다.

첫 번째는 데이터 분석과 통찰의 제공이다.

AI는 방대한 데이터를 분석하여 인간이 놓칠 수 있는 인사이트를 발굴한다. AI 기반 플랫폼인 애텀와이즈(Atomwise)는 약물-단백질 상호 작용을 분석하여 새로운 치료 물질을 설계하는 데 사용되고 있다. 이는 기존 연구보다 수십 배 빠른 시간 내에 신약 후보 물질을 도출할 수 있도록 돕는다. 데이터 분석 도구로서의 AI는 발명 초기 단계에서 중요한 통찰을 제공하며, 연구자의 작업 범위를 넓히는 데 기여한다.

AI는 복잡한 설계 문제를 해결하고 최적의 방안을 제시하는 도구로 활용된다. 제조업의 제너러티브 디자인에서 그 사례를 찾을 수 있다(Autodesk, 2021). 오토데스크의 제너러티브 디자인은 설계 조건을 기반으로 수천 개의 설계 옵션을 자동으로 생성하고, 가장 적합한 설계를 추천한다. 이는 자동차, 항공기 등 복잡한 제품 설계에서 AI가 도구로 활용된 대표적 사례다. 설계 도구로서의 AI는 발명 과정에서 시간과 비용을 절감하며, 설계의 품질과 다양성을 높이는 데 기여한다.

AI는 발명 과정의 일부 또는 전체를 자동화하여 효율성을 극대화한다. 삼성전자는 AI 기반 공정 자동화 기술을 활용하여 반도체 제조 과정에서 오류를 줄이고 생산 효율성을 높이고 있다. AI는 공정 데이터를 분석하여 최적의 조건을 설정하고, 발생 가능한 문제를 사전에 예방한다. 공정 도구로서의 AI는 생산성 향상과 품질 개선의 핵심 역할을 한다.

발명 도구로서의 AI가 가져오는 변화로 창의적 역할 보조와 인간의 한계 보완을 들 수 있다.

AI는 인간의 창의성을 보조하며, 반복적이고 시간 소모적인 작업을 대체하여 발명자가 본질적인 문제 해결에 집중할 수 있도록 돕는다. AI 도구인 '달-이(DALL-E)'는 예술과 디자인 분야에서 새로운 아이디어를 시각화하는 데 활용되며, 인간 디자이너가 창의적 과정을 더 빠르고 효과적으로 진행할 수 있도록 돕고 있다.

또한 AI는 인간이 처리할 수 없는 방대한 데이터와 복잡한 문제를 다룰 수 있는 능력을 제공한다.

자율 주행 기술은 AI의 데이터 분석과 학습 능력을 활용하여 운전자 경험을 보완하고 안전성을 높이는 방향으로 발전하고 있다.

AI, 발명가의 비밀 무기: 창의부터 설계까지 전방위 지원!

AI는 발명 과정 전반에서 강력한 도구로 작용하며, 기술 혁신을 가속화하는 핵심 동력이 되고 있다.

AI는 아이디어 생성 및 최적화로 창의적 역할을 돕는다. AI는 방대한 양의 데이터를 분석하고 패턴을 찾아내어 새로운 아이디어를 생성할 수 있다. 예를 들어 AI는 기존의 발명이나 기술을 분석하고, 그 결과를 바탕으로 개선된 버전이나 새로운 접근 방식을 제안할 수 있다. AI는 이 과정에서 인간이 생각하지 못한 혁신적인 아이디어를 도출할 수 있다.

설계 및 시뮬레이션 보조다. AI는 복잡한 제품의 설계 과정을 자동화하고 최적화할 수 있다. 자동차 부품이나 건축 구조물의 설계에서 AI는 다양한 변수와 조건을 고려하여 최적의 설계를 도출할 수 있다. 또한 AI는 시뮬레이션을 통해 다양한 시나리오를 테스트하고, 최적의 성능을 보장하는 설계를 선택할 수 있다.

데이터 분석 및 문제 해결로 인간의 한계를 보완한다. AI는 대량의 데이터를 분석하여 중요한 인사이트를 도출하는 데 뛰어난 능력을 발휘한다. 예로서 제약 산업에서 AI는 수천 개의 화합물 데이터를 분석하여, 새로운 약물 후보를 발견하는 데 사용된다. 이는 기존의 실험 방법보다 훨씬 빠르고 효율적이다.

자동화된 발명이다. AI는 반복적이고 시간 소모적인 발명 과정을 자동화할 수 있다. 코드 작성이나 기계 부품의 설계 과정에서 AI는 인간의 개입 없이도 자동으로 문제를 해결하고, 새로운 발명품을 생성할 수 있다. 이는 특히 제조업에서 생산성을 크게 높일 수 있다.

AI와 인간의 환상 듀오: 발명 현장의 숨은 파트너십

AI는 인간 발명자의 역할을 대체하는 것이 아니라, 협력하여 더 나은 결과를 도출하는 도구로 자리 잡고 있다. 인간은 창의적 직관과 경험을 제공하고, AI는 방대한 데이터를 처리하고 복잡한 계산을 수행한다. 이러한 협업은 발명 과정의 효율성을 극대화하며, 더 혁신적인 결과를 이끌어 낸다.

AI의 발명 도구로서의 장점은 크게 속도, 정확성, 혁신으로 나눌 수 있다. AI는 인간이 수개월 또는 수년이 걸릴 작업을 몇 시간 만에 수행하며, 세부 사항까지 꼼꼼하게 분석하고 최적화한다. 또한 기존 지식을 바탕으로 새로운 방식으로 문제를 해결할 수 있다.

신약 개발 협업: IBM 왓슨(Watson)

왓슨은 제약사와 협력해 신약 개발을 지원한다. 왓슨은 방대한 의학 논문, 임상 시험 결과, 유전 정보를 분석해 인간 연구자가 놓칠 수 있는 패턴을 찾아낸다. 왓슨이 제안한 신약 후보를 연구자가 검토하고 추가 연구를 진행하는 방식으로 협업이 이루어진다(Forbes, 2018). 이 협업을 통해 신약 개발 시간이 크게 단축되었으며, 기존에 발견되지 않았던 새로운 치료법이 제안되었다. 왓슨은 신약 후보를 탐색하는 초기 단계에서 특히 유용한 도구로 사용되고 있다

자동차 디자인: AI와 인간 디자이너

자동차 디자인에서의 AI와 인간 협업 예로, AI를 이용해 자동차 외관 디자인을 하는 켄달 파크(Kendall Park)의 사례가 있다. AI는 자동차 외관 설계에서 다양한 디자인 옵션을 생성하고, 인간 디자이너는 이를 검토하고 수정한다. AI는 수백 가지 디자인을 제안하고, 디자이너는 미적 감각과 기능성을 고려해 최종 모델을 완성한다

(MIT Technology Review, 2020). 이를 통해 더 빠르고 효율적으로 디자인이 개발되며, 소비자 취향에 맞춘 다양한 모델이 출시된다.

재료 과학: 구글 오토엠엘(AutoML)

구글 오토엠엘은 새로운 합금과 재료 개발에 활용된다. 오토엠엘은 기존 데이터를 분석해 새로운 재료의 특성을 예측하고, 인간 연구자가 이를 실험으로 검증한다. 이 협업을 통해 재료의 강도, 내열성, 경량화 등 다양한 특성이 정확하게 예측되어 연구 효율성이 향상된다 (Nature Materials, 2019).

AI는 데이터 분석과 반복 작업에서 뛰어난 능력을 발휘하고, 인간은 창의적 사고와 직관으로 최종 결정을 내린다. 이러한 협업은 기술 혁신의 속도를 가속화하고, 발명 과정의 가능성을 확장한다.

이처럼 AI와 인간 발명가의 협업은 각자의 강점을 극대화하여 새로운 발명과 혁신을 이루는 데 중요한 역할을 하고 있다. AI는 데이터 분석과 반복적인 작업에서 뛰어난 능력을 발휘하고, 인간 발명가는 창의적인 사고와 직관을 통해 최종 결정을 내리면서, 두 요소가 결합해 더욱 강력한 발명 과정이 이루어지고 있다.

'발명 도구로서의 AI'는 기술 혁신의 속도를 가속화하고, 창의적 가능성을 확장하며, 발명 활동의 새로운 장을 열어 가고 있다. AI는 단순히 효율을 높이는 도구에 그치지 않고, 인간의 창의적 사고를 보완하고, 복잡한 문제를 해결하는 데 필수적인 구성 요소로 자리 잡고 있다. 데이터 분석, 설계 최적화, 공정 자동화 등 AI가 발명 과정에 기여하는 방식은 앞으로도 더욱 다변화되고 정교해질 것이다.

'발명 도구로서의 AI'는 단순한 효율 향상을 넘어, 인간의 창의성을 보완하고 복잡한 문제를 해결하는 필수 요소로 자리 잡고 있다. 인간과 AI가 서로의 강점을 결합하여 창의적 혁신을 이루는 새로운 패러다임을 제시한다. AI는 발명자의 손에 쥔 강력한 도구로서, 더 나은 세상을 만들어 가기 위한 중요한 역할을 할 것이다. 이러한 협력과 혁신은 발명 활동의 미래를 형성하며, 기술과 인간이 공존하는 시대의 진정한 잠재력을 실현할 것이다.

참고문헌

Autodesk(2021). Autodesk Generative Design.

Forbes(2018). How IBM Watson is Revolutionizing the Pharmaceutical Industry.

MIT Technology Review(2020). How AI is Changing Car Design.

Nature Materials(2019). Using Machine Learning to Accelerate Discovery of New Materials.

04
발명 대상으로서의 AI

AI는 자율 시스템, 지능형 인터페이스, 맞춤형 솔루션, 창의적 문제 해결, 데이터 분석 및 예측 등 다양한 분야에서 창의적이고 독창적인 발명을 이끌며 미래 사회를 변화시킬 핵심 동력으로 역할하고 있지만, 동시에 여러 논쟁을 야기하고 있다.

AI와 사주?

AI는 인간의 지능을 모방하여 다양한 작업을 수행하는 시스템으로, 컴퓨터 과학의 한 분야다. AI는 데이터를 분석하고 패턴을 인식하여 자율적으로 결정을 내리는 능력을 갖추고 있다(John, 2020). AI는 기계 학습, 딥러닝, 자연어 처리 등 다양한 기술을 포함하고 있으며, 이들 기술은 의료, 금융, 제조 등 여러 산업에서 응용되고 있다. 특히 AI는 자동화된 시스템과 로봇 공학 분야에서 발명 대상이 되며, 인간이 처리하기 어려운 복잡한 문제를 해결하는 데 기여하고 있다.

발명의 대상

발명 대상이란 새로운 기술적 아이디어나 개념을 통해 창출된 창의적인 산물을 말한다. 이는 과학적 원리나 기존 기술을 응용하여 문제를 해결하거나 개선된 기능을 도입한 형태의 발명품이나 기술을 포함한다. 발명 대상은 인간의 생활을 편리하게 하거나 효율성을 높이는 것을 목표로 하며, 산업, 의료, 농업, 정보 통신 등 다양한 분야에서 나타난다. 예로, 새로운 기계 장치, 화학 물질, 공정 또는 컴퓨터 프로그램 등이 발명 대상이 될 수 있다.

특히 특허법에서는 발명 대상을 보호받을 수 있는 권

리로 규정하며, 이를 통해 발명가는 자신의 창의적 아이디어를 법적으로 보호받고 경제적 이익을 얻을 수 있다(Johnson, 2021). 발명 대상은 독창성, 실용성, 그리고 산업적 활용 가능성을 갖춰야 하며, 이를 통해 사회적, 경제적 가치를 창출한다.

AI는 인간의 지능을 모방하여 학습하고 문제를 해결하는 컴퓨터 시스템이다. AI는 기계 학습과 딥러닝 같은 기술을 통해 방대한 데이터를 분석하고, 그 결과를 바탕으로 자율적으로 결정을 내리는 능력을 갖추고 있다(Jones, 2020). 이 기술은 자연어 처리, 이미지 인식, 음성 인식 등 다양한 분야에서 사용되고 있으며, 많은 산업에서 혁신을 이끌고 있다.

AI는 의사 결정을 자동화하여 인간의 개입 없이 작업을 처리할 수 있게 함으로써 효율성을 극대화한다. 또한, AI는 자율 주행 자동차, 의료 진단 시스템, 금융 예측 시스템 등과 같은 다양한 응용 분야에서 사용되고 있다. AI의 발전은 계속되고 있으며, 그 잠재력은 기술적 혁신의 중심에 있다.

AI가 발명의 대상이 된다는 것은 인간이 처리할 수 없는 복잡한 문제를 해결할 수 있는 혁신적인 기술로 인정받고 있다는 의미이다. AI는 의료, 금융, 제조업 등 여러 분야에서 효율성을 극대화하며, 새로운 발명과 기술 발전의 핵심이 되고 있다. 특히, AI는 자율 학습과 데이터 분석 능력을 통해 지속적으로 개선되며, 인간의 능력을 보완하고 다양한 산업에서 새로운 기회를 창출할 수 있다.

AI가 발명의 대상이 된다는 것은 기술 혁신을 가속화하고, 인간의 한계를 극복하는 도구로서의 역할을 인정받는다는 점에서 긍정적으로 해석될 수 있다(Smith, 2021). AI는 방대한 데이터를 처리하고 분석함으로써 과학적 발견과 산업적 발전을 촉진할 수 있으며, 이는 새로운 지식과 발명을 가능하게 한다. AI는 특히 의료, 교통, 제조 등 다양한 분야에서 효율성을 높이고, 보다 나은 솔루션을 제공하는 혁신의 원천이 될 수 있다. 이러한 점에서 AI는 인류의 생활 수준을 크게 향상시킬 잠재력을 가지고 있다(Brown, 2023).

반면, AI가 발명의 대상이 된다는 것은 창의적 과정을 자동화함으로써 인간 발명가의 역할을 축소시킬 수 있다는 우려를 불러일으킨다. AI는 복잡한 알고리즘을 통해 새로운 아이디어를 생성할 수 있지만, 이러한 기술의 남용은 윤리적 문제와 특허권 분쟁을 일으킬 수 있다. 또한, AI가 인간의 창의성을 대신하게 되면, 인간의 창의적 사고와 발명의 독창성에 대한 가치를 저하할 가능성이 있다(Green, 2024).

반면, AI가 발명의 대상이 된다는 것은 윤리적, 법적 문제를 동반할 수 있다는 점에서 부정적으로 해석될 수 있다. AI가 자율적으로 발명할 수 있는 경우, 발명에 대한 소유권이나 책임 문제가 불명확해지며, 이는 법적 분쟁으로 이어질 수 있다(Green, 2022). 또한, AI 기술의 급속한 발전은 인간 발명가의 역할을 위축시키고, 창의적 사고의 중요성을 약화시킬 수 있다는 우려가 제기된다. 이로 인해, AI의 발명이 인간에게 미치는 경제적, 사회적 영향에 대한 신중한 고려가 필요하다.

발명 대상으로서의 AI라는 전제에서 논쟁은 주로 법적, 윤리적, 그리고 사회적 측면에서 발생한다.

법적 논쟁

AI가 독립적으로 발명한 경우, 그 발명에 대한 소유권과 특허권이 누구에게 귀속되는지에 대한 문제를 포함한다. 현재의 특허법은 인간 발명가를 전제로 하고 있기 때문에, AI가 발명한 기술에 대해 발명자로 인정할 수 있는지, 아니면 이를 만든 사람에게 귀속시킬 것인지에 대한 법적 공백이 존재한다(Johnson, 2022). 이러한 문제는 향후 법률 개정 및 새로운 규제 체계의 필요성을 제기하고 있다.

위 첫 번째 이슈를 설명하는 사례 중 가장 대표적인 사례 중 하나는 DABUS 사건이다.

DABUS 사건 개요: DABUS(Device for the Autonomous Bootstrapping of Unified Sentience)는 AI 시스템으로, 독립적으로 발명 아이디어를 생성한 것으로 주장되었다. DABUS는 두 가지 발명을 제시했는데, 하나는 음식 및 음료 포장 용기를 위한 새로운 형태의 디자인이고, 다른 하나는 깜빡이는 조명 장치였다. DABUS의 개발자인 스티븐 탈러(Stephen Thaler)는 이 발명을 AI가 독립적으로 만들어낸 것으로 보고, DABUS를 발명자로 등록해 특허 신청을 했다.

이 사건에서 논의된 주요 문제는 AI가 발명자로 인정될 수 있는지, 그리고 특허권이 누구에게 귀속되는지에 관한 것이었다.

미국, 영국, 유럽연합, 호주 등의 특허청은 모두 현행 법률에 따라 발명자는 반드시 "인간"이어야 한다고 규정하고 있어, AI가 발명자로 인정될 수 없다고 결정했다. 이들은 특허 신청서에 기재된 발명자가 인간이 아닌 AI라는 점에서 특허를 거부했다.

남아프리카 공화국과 호주(일부 법원 판결)에서는 AI 발명자를 인정하는 결정을 내렸다. 특히 남아프리카 공화국은 DABUS 사건에서 AI가 발명자로 등록된 첫 사례로 특허를 부여했다. 이는 AI가 발명자로 인정된 전 세계 최초의 사례로 기록되었다. 법적으로 특허 제도는 발명을 한 개인(인간)에게 권리를 부여하기 위한 것이므로, AI를 발명자로 인정할 수 없다는 입장이 다수이다. 그러나 AI가 실질적으로 발명을 했을 경우, 이를 개발하고 훈련시킨 사람이 발명자로 인정받아야 하는지에 대한 논란이 계속되고 있다.

AI가 발명한 기술에 대한 소유권이 AI 개발자에게 귀속되는 것이 타당한지, 아니면 AI 자체가 발명자로 인정받아야 하는지에 대한 법적, 윤리적 논의가 진행 중이다.

이 사건은 AI 발명의 소유권 및 특허권 문제를 본격적으로 논의하는 중요한 사례로, 향후 법적 체계에서 AI의 역할을 어떻게 규정할지에 대한 논의를 촉발시켰다

윤리적 논쟁

윤리적 논쟁은 AI가 자율적으로 발명을 하는 과정에서 인간의 통제를 벗어나게 되는 경우 발생할 수 있는 위험성을 다룬다. AI가 독창적인 아이디어를 생성하고 이를

발전시키는 과정에서 윤리적 책임이 불명확해질 수 있으며, 이는 기술 남용과 같은 문제를 초래할 수 있다(Brown, 2022). 또한, AI의 발명 활동이 인간 발명가의 창의성에 미치는 부정적 영향도 중요한 논쟁거리이다.

위 위험성에 대한 예시는 아래와 같다.

첫째, 의도하지 않은 결과의 발생이다. AI는 스스로 학습하고 데이터를 기반으로 결정을 내리기 때문에, 인간이 예측하지 못한 방식으로 기술을 발전시킬 가능성이 있다. 이는 예상치 못한 부작용이나 기술적 문제를 초래할 수 있으며, 그로 인해 안전사고나 사회적 혼란을 일으킬 수 있다. 예를 들어, 자율 발명 AI가 윤리적 기준을 고려하지 않고 유해한 기술을 개발할 가능성이 있다(Williams, 2023).

윤리적 논쟁은 AI가 자율적으로 발명을 하는 과정에서 인간의 통제를 벗어나게 되는 경우를 설명할 수 있는 실제 사례로 킬러 로봇(Autonomous Weapon Systems, AWS) 개발 논란이 있다.

킬러로봇은 AI가 탑재된 자율 무기 시스템으로, 인간의 개입 없이 스스로 목표를 식별하고 공격할 수 있는 기술이다. 이러한 무기 시스템은 전쟁터에서 빠르게 의사결정을 내릴 수 있다는 장점이 있지만, 그 과정에서 발생하는 윤리적 논쟁이 뜨거운 이슈가 되고 있다.

이 기술의 주요 윤리적 문제는 AI가 자율적으로 인간의 생사 여부를 결정할 수 있게 되는 상황이다. 전통적으로 인간이 판단하고 명령을 내리는 영역이었던 전투에서, AI가 인간의 통제를 벗어나 자율적으로 발명하거나 행동을 결정할 때, 책임 소재가 불분명해지고, 민간인을 포함한 무고한 피해자가 발생할 수 있다. 또한 AI가 전쟁 중 비윤리적인 방식으로 사용될 위험이 존재한다.

예를 들어, 인간의 도덕적 판단 없이 AI가 전투를 결정할 경우, 전쟁의 윤리적 기준과 규범이 지켜지지 않을 가능성이 크다(Green, 2022).

2017년 카이스트(KAIST)와 한화 그룹이 자율 무기 시스템 개발을 연구한 사례가 있다. 이 연구는 국제적으로 큰 논란을 불러일으켰다. 국제적 AI 및 로봇 연구자들이 해당 연구에 대해 윤리적 문제를 제기하며, AI가 인간 통제 없이 군사적 결정을 내리는 것이 매우 위험하다고 주장했다. 이에 따라, 일부 과학자들은 이 프로젝트를 비판하며 해당 기관과의 협력을 중단하는 선언을 하기도 했다.

이 사건은 AI 기술이 자율적으로 발명되거나 개발되는 과정에서 인간의 통제가 약화될 때 발생할 수 있는 윤리적 위험을 명확하게 보여주는 사례이다. 특히, AI가 인간 생명을 직접적으로 위협할 수 있는 무기나 기술을 발명하는 경우, 그 결과에 대한 윤리적, 법적 책임이 불명확해지는 문제가 핵심 논쟁거리이다.

둘째, 책임 소재의 불명확성이다. AI가 독립적으로 발명을 하고, 그 결과로 문제가 발생했을 때 그 책임이 누구에게 있는지 명확하지 않다(Green, 2022). 발명한 AI의 개발자에게 책임이 있는지, 아니면 AI 자체에 책임을 물을 수 있는지에 대한 법적 논의가 이루어지고 있지만, 명확한 결론을 내리지 못한 상태이다(Brown, 2023). 이로 인해 법적 분쟁이 증가할 가능성이 크다. 본 문제에 대해서는 이후 챕터에서 하나의 주제로 다시 다룰 예정이다.

셋째, 사회적 불평등의 심화이다. AI가 독립적으로 발명하는 기술이 상업적으로 활용될 경우, 소수의 대기업이나 기술 개발자들이 이 기술을 독점할 가능성이 있다. 이는 경제적 불평등을 심화시키고, 사회 전반에 걸쳐 기술적 격차를 확대시킬 수 있는 위험이 있다.

넷째, 윤리적 문제로, AI가 자율적으로 발명을 할 때 인간의 윤리적 기준을 벗어난 발명품을 만들어낼 수 있다. 예를 들어, 군사 기술이나 감시 기술과 같은 분야에서 AI가 비윤리적이거나 해로운 목적을 위한 발명을 자율적으로 수행할 수 있으며, 이는 인간의 안전과 권리를 위협할 수 있다(Brown, 2022).

사회적 논쟁

사회적 논쟁은 AI 기술이 발명을 자동화함으로써 발생할 수 있는 경제적 불균형과 일자리 상실과 관련이 있다. AI가 발명 과정의 핵심적인 역할을 맡게 될 경우, 인간 발명가나 연구자들이 배제될 수 있으며, 이는 사회적 불평등을 심화시킬 수 있다. 또한, AI 발명에 의한 기술적 격차가 국가 간 혹은 기업 간 경쟁력을 결정짓는 중요한 요소가 될 수 있다(Green, 2023).

참고문헌

Brown, E.(2022). The Economics of Innovation. Future Publishing.

Brown, R.(2023). Artificial Intelligence and Human Progress. Tech Insight.

Green, T.(2022). AI and Ethics: Navigating the New Frontier. Innovation Publications.

Green, T.(2024). The Future of Artificial Intelligence. Innovation Publications.

John, D.(2020). Artificial Intelligence: A Guide. Tech Press.

Johnson, T.(2021). Patent Law: A Global Perspective. Law Tech.
Lee, J.(2020). Innovation and Invention. Tech Press.
Smith, A.(2021). The Rise of AI in Technology. Tech World Press.
Williams, K.(2023). AI and the Future of Work. AI Innovations.

05
발명 주체로서의 AI

인공지능(AI)은 이제 더 이상 단순히 인간의 도구로 머무르지 않는다. 독창적인 아이디어를 제안하고 실제적인 결과물을 창조하며 기존의 인간 중심적 발명 모델을 뒤흔들고 있으며, 그 발명의 주체성은 어떻게 정의되어야 할지에 대한 논의 또한 현재 진행형이다.

AI와 아이돌?

인공지능(AI)은 현대 기술 혁신의 중심에 있으며, 인간의 창의력을 보조하거나 대체하는 역할로 점점 더 많은 주목을 받고 있다. 초기 AI 시스템은 단순히 주어진 명령을 수행하는 수준에 그쳤으나, 최근에는 스스로 데이터를 분석하고 패턴을 찾아내며 창의적인 해결책을 제시하는 수준으로 발전하였다. 이러한 기술적 진보는 AI를 단순한 도구에서 발명의 주체로 변화시키고 있으며, 이는 법적, 윤리적 논의를 불러일으키고 있는 상황이다.

AI가 발명 주체로 간주될 수 있는 이유 중 하나는 그 능동적인 창의성에 있다. 기계 학습과 딥러닝 기술을 통해 AI는 수많은 데이터를 학습하고, 인간이 생각하지 못한 독창적인 아이디어를 도출해 내는 것이 가능하다. 예를 들어 제약 산업에서는 AI가 새로운 약물의 구조를 제안하거나 질병의 치료법을 찾는 데 중요한 역할을 하고 있다. AI의 이러한 창의적 활동은 기존의 인간 발명자 중심적 개념을 재고하게 만드는 중요한 계기가 되고 있다.

하지만 AI를 발명 주체로 인정하는 것은 간단한 문제가 아니다. 현재의 법체계는 발명자에 대한 권리를 인간에게 한정하고 있다. 이는 발명자의 아이디어에 대한 법적 권리와 책임이 인간에게 부여된다는 전제에서 출발한 것이다. 그러나 AI가 주도적으로 창의적 아이디어를 생성하는 경우, 그 발명의 권리는 누구에게 주어져야 하는가라는 문제가 제기된다. AI가 발명한 결과물의 특허권을 인간 개발자에게 돌리는 것이 공정한가, 아니면 AI 자체가 발명자로서 인정받아야 하는가에 대한 논의가 활발히 진행되고 있다.

AI가 발명 주체로서 인정받기 위해서는 기술적 발전과 함께 사회적, 법적 체계의 변화가 필수적이다. 발명에 대한 권리와 책임을 인간뿐만 아니라 AI에게도 일부 부여할 수 있는 새로운 법적 체계가 필요하다. 이러한 변화는 발명 과정에서 인간과 AI의 협업을 촉진하고, 더욱 혁신적인 결과물을 만들어 내는 데 기여할 것이다. 또한 AI가 발명 주체로서 책임을 질 수 있도록 윤리적 기준을 설정하고, 그에 따른 관리 체계를 마련하는 것도 중요한 과제가 될 것이다.

결론적으로 AI의 발명 주체성에 대한 인정은 기술 발전뿐 아니라 법적, 윤리적 논의를 포함한 전방위적 변화를 요구하는 문제다. 이러한 변화가 이루어진다면 AI와 인간의 협업을 통해 더욱 혁신적인 미래를 만들어 나갈 수 있을 것이다. 발명 주체로서의 AI는 미래 사회에서 중요한 역할을 수행하게 될 것이며, 이는 우리에게 새로운 가능성과 도전 과제를 동시에 안겨 주고 있는 것이다.

발명 주체로서 인정받기 위한 조건은 무엇인가?

AI가 발명 주체로 인정받기 위해서는 몇 가지 중요한 요소가 필요하다. 첫째로 AI는 문제를 이해하고 해결책을 제시할 수 있는 능력을 가져야 한다. AI는 대규모 데이터 분석을 통해 새로운 패턴을 발견하고 이를 기반으로 혁신적인 아이디어를 생성할 수 있다. 이러한 능력은 이미 의료, 금융, 제조업 등 여러 산업에서 활용되고 있다(Levi & Reed, 2022). 다음은 이와 관련된 실제 예다.

실례 1: 새로운 화학 물질 설계 사례

AI 알고리즘이 새로운 화학 물질이나 약물을 설계하는 사례가 있다. 딥러닝의 알파폴드(AlphaFold)는 단백질 구조를 예측하는 AI(AlphaFold, 2020)인데, 이것이 기존 인간의 예측보다 더 정확하게 단백질의 3차원 구조를 예측했다. 심층 신경망을 활용한 예측 모델로, 이 모델은 방대한 양의 단백질 구조 데이터를 학습하여 서열과 구조 간의 복잡한 관계를 이해한다. 또한 알파폴드는 물리적, 생물학적 제약을 고려하여 가능한 가장 안정적인 구조를 찾기 위해 에너지 최소화 기법을 사용한다. 단백질 구조 예측은 신약 개발과 질병 연구에 필수적이기 때문에, 알파폴드의 정확한 예측 능력은 연구자들이 새로운 치료제를 개발하거나 질병의 메커니즘을 이해하는 데 도움을 줄 수 있다. 알파폴드는 단백질 구조 예측 문제를 해결하는 데 인공지능의 잠재력을 명확히 보여 주는 사례다.

실례 2: 자동화된 엔지니어링 설계

AI를 사용하여 자동차, 항공기, 또는 전자기기의 설계를 개선하는 경우가 있다. 제너러티브 디자인이라는 AI 시스템은 주어진 조건에 맞춰 새로운 설계를 자동으로 만들어 내는 시스템이다. 제너러티브 디자인은 오토데스크에서 개발한 AI 기반 설계 기술로, 엔지니어링과 디자인 분야에서 혁신적인 접근 방식을 제공한다. 이 시스템은 사용자가 정의한 제약 조건과 목표를 바탕으로 다양한 설계 옵션을 자동으로 생성한다(Autodesk, 2021).

인간이 생각하지 못한 독창적인 설계 솔루션을 제시할 수 있으며, 이러한 설계는 종종 기존 방법으로는 불가능했던 혁신적인 형태와 기능을 가진다. 자동차, 항공기, 전자기기 등의 산업에서 경량화, 강도 향상, 비용 절감 등의 목표를 달성하기 위해 활용될 수 있는데, 항공기 부품의 무게를 줄이면서도 강도를 유지하는 설계를 생성할 수 있다. 이처럼 제너러티브 디자인은 사람이 입력한 조건에 맞춰 AI가 스스로 디자인을 생성하므로 AI가 창의적 설계의 주체가 되는 셈인 것이다.

발명 교육에 미친 영향

첫째, AI와 창의적 사고를 결합한 교육이 강조되고 있다. AI는 데이터를 분석하고 패턴을 찾아내는 능력이 뛰어나지만, 인간의 창의적 사고와 결합할 때 더 큰 시너지 효과를 낼 수 있다. 이에 따라 발명 교육에서는 AI 도구를 활용하여 학생들이 새로운 아이디어를 발굴하고, AI를 통해 이를 구체화할 수 있는 방법을 배우는 과정이 추가되고 있다. 예를 들어, 학생들이 AI를 이용해 다양한 설계 옵션을 시뮬레이션하거나 새로운 해결책을 탐구하는 과정이 발명 교육의 일환으로 채택되고 있다 (Autodesk, 2021).

둘째, AI 관련 기술 교육이 필수적으로 포함되고 있다. 발명 교육에서 AI에 대한 기본적인 이해와 활용 능력이 점차 필수 요소로 자리 잡고 있다. 학생들은 단순한 발명 기법을 배우는 것을 넘어, AI 알고리즘을 이해하고 이를 문제 해결에 적용하는 법을 배운다. 이는 AI 기반 설계 도구, 데이터 분석 도구, 그리고 프로그래밍 교육이 발명 교육 커리큘럼에 포함되는 것을 의미한다(Google Cloud, 2017).

셋째, 데이터 기반 문제 해결 능력이 강조되고 있다. AI는 데이터를 바탕으로 발명과 문제 해결을 도출하기 때문에, 발명 교육에서도 데이터 수집, 분석, 그리고 이를 AI 모델에 적용하는 방법이 중요해지고 있다. 학생들은 데이터 기반 문제 해결 방법론을 학습하고, 데이터를 활용하여 AI가 제시한 해결책을 비판적으로 분석하는 능력을 기르게 된다(Nature Medicine, 2020).

넷째, AI와 협업하는 발명가의 역할에 대한 교육이 이루어지고 있다. AI가 발명의 주체로서 활동할 수 있게 되면서 인간 발명가의 역할도 변화하고 있다. 발명가는 AI가 제공하는 다양한 정보를 활용해 더 나은 의사 결정을 내리고, AI와 협력하여 문제를 해결하는 방식으로 변화하고 있다. 따라서 발명 교육은 AI와 인간의 협업을 중심으로 한 새로운 발명가의 역할을 강조하며, 학생들이 AI와 상호 작용할 수 있는 역량을 기르는 데 집중하고 있다(Kim, 2023).

결론적으로 '발명 주체로서의 AI'는 발명 교육에 AI 도구의 활용, 데이터 분석 능력, 그리고 인간과 AI 간의 협업을 중심으로 한 새로운 교육 방식을 도입하는 변화를 가져오고 있다. 이는 학생들이 미래 기술 환경에 적응하고, AI와 협력하여 창의적인 발명을 할 수 있는 능력을 기르는 데 중요한 역할을 하고 있다.

다음은 공교육에 미치는 영향과 몇 가지의 사례다. 첫째, 스템(STEM) 교육 강화다.

AI가 발명 활동의 주체로 등장하면서, 공학, 과학, 수학, 그리고 기술에 대한 기초 교육이 더욱 중요해지고 있다. 스템 교육은 과학(Science), 기술(Technology), 공학(Engineering), 수학(Mathematics) 교육을 통합한 학습 접근 방식을 의미하며, 이 교육 방식은 학생들이 문제 해결 능력, 비판적 사고, 창의력을 개발하도록 돕고, 실제 세계의 문제를 해결하는 데 필요한 기술과 지식을 습득하도록 한다. 공교육에서는 AI 알고리즘과 데이터 분석의 기초 원리를 이해하는 것이 필수적이기 때문에, 수학과 컴퓨터 과학을 중심으로 한 교육이 강화되고 있다. 많은 학교가 코딩 교육을 필수 과정으로 채택하고 있으며, 프로그래밍 언어와 알고리즘 설계를 가르치고 있다. 예를 들어, 미국의 코드닷오알지(Code.org)는 전 세계적으로 수백만 명의 학생에게 코딩과 컴퓨터 과학 기초를 가르치고 있는 대표적인 사례다(Code.org, 2020).

둘째, 창의적 문제 해결 능력 교육의 강화되고 있다.

AI는 방대한 데이터를 처리하고 분석하는 데 능하지만, 창의적인 문제 해결 능력은 여전히 인간의 중요한 역할이다. 제도권 공교육에서는 이러한 창의적 사고와 문제 해결 능력을 강조하는 방향으로 교육 과정을 재편하고 있다. 학생들은 실제 문제를 해결하기 위해 AI 도구를 어떻게 사용할 수 있는지 배우며, AI가 제시한 여러 솔루션을 비판적으로 분석하고 최적의 결과를 도출하는 방식의 교육을 받는다. 핀란드의 AI 교육 프로그램에서는 초등학생부터 고등학생까지 AI를 통해 문제 해결 과정을 학습하게 하고, 창의적으로 문제를 해결하는 방식에 중점을 두고 있다(Finnish National Agency for Education, 2021).

셋째, AI 윤리와 책임에 대한 교육이 도입되고 있다.

AI가 발명 주체로서 활동하게 되면서, AI 기술의 윤리적 측면과 사회적 책임에 대한 교육도 공교육의 중요한 부분이 되었다. AI가 발명 과정에서 의사 결정을 내리는 상황에서 발생할 수 있는 윤리적 문제, AI가 창출한 발명에 대한 소유권 문제, 그리고 AI가 인간의 일자리에 미치는 영향 등이 교육 과정에 포함되고 있다. 영국의 공교육 시스템에서는 학생들에게 AI와 로봇 기술이 가져올 윤리적 문제를 탐구하게 하며, AI 관련 법률 및 규제에 대한 학습을 도입하고 있다(UK Department for Education, 2021).

코드닷오알지는 전 세계적으로 수백만 명의 학생들에게 컴퓨터 과학과 코딩 기초를 가르치고 있으며, 공교육 과정에서 스템 교육 강화를 목적으로 운영되고 있다. 미국 전역의 초·중·고등학교에서 이를 통해 코딩을 배울 수 있게 되어 AI 시대에 필요한 기술적 기초를 다지는데 중요한 역할을 하고 있다(Code.org, 2020).

핀란드의 AI 교육 프로그램: 핀란드 정부는 초등학교부터 고등학교까지 AI와 관련된 기초적인 개념부터 고급 기술을 가르치는 프로그램을 운영하고 있다. 이 프로그램은 학생들이 AI 도구를 창의적으로 활용하여 문제를 해결하는 능력을 기르는 것을 목표로 한다(Finnish National Agency for Education, 2021).

영국의 AI 윤리 교육: 영국은 AI의 윤리적 문제와 사회적 책임을 공교육 과정에 포함했다. AI 기술의 발전이 가져올 법적, 윤리적 문제를 다루기 위해, 학생들에게 윤리적 문제를 탐구하고 이에 대한 해결책을 찾는 능력을 교육하고 있다(UK Department for Education, 2021).

AI가 발명 주체로서 부상하는 것은 기술 혁신의 새로운 시대를 열고 있다. AI는 그 자체로 창의적이고 독창적인 해결책을 제시할 수 있으며, 이는 과학, 공학, 의학 등 다양한 분야에서 혁신을 가속화하고 있다. 그러나 이러한 잠재력을 최대한 활용하기 위해서는 법적, 윤리적, 사회적 준비가 필수적이다. AI와 인간의 협력을 통해 보다 지속 가능한 미래를 만들어 가는 것이 중요하며, 이를 통해 AI는 인간의 창의적 파트너로서 자리매김할 수 있을 것이다.

참고문헌

Autodesk(2021). Autodesk Generative Design.

Code.org(2020).

Finnish National Agency for Education(2021). AI Education in Finland.

Google Cloud(2017). Tensor Processing Units(TPU).

Nature Medicine(2020). AI for radiology, AI in Medical Diagnostics.

Nature(2020). DeepMind's AlphaFold provides a breakthrough in protein folding predictions.

UK Department for Education(2021). AI Ethics in Education.

Vaswani et al.(2017). Attention is All You Need. Transformer paper. ArXiv.

06
AI 자율 생성 발명의 권리 귀속과 책임

인공지능이 독창적인 발명을 자율적으로 생성하는 시대가 도래하면서, AI가 창출한 지적 재산의 소유권을 누구에게 부여할 것인지, 그리고 그로 인해 발생하는 책임은 누가 져야 하는지에 대한 명확한 기준이 필요하다. AI 자율 생성 발명의 권리 귀속과 책임에 대한 다양한 관점을 탐구하고, 이를 통해 미래 지향적인 해결책을 모색하고자 한다.

AI와 야구?

권리 귀속 문제

AI가 스스로 발명을 창출할 수 있는 능력을 가짐에 따라, 발명에 대한 특허 권리를 누구에게 귀속할 것인가에 대한 논의가 발생한다. 일반적으로 특허법은 발명가를 사람으로 정의하고 있기 때문에, AI가 발명한 경우 그 권리를 AI 자신에게 줄 수는 없다는 것이 현재까지의 법적 해석이다. 그러나 AI가 창출한 발명은 그 발명의 주체를 누구로 보느냐에 따라 권리 귀속이 달라진다.

다음은 현재 논의되고 있는 두 가지의 주요한 시나리오다.

첫 번째 시나리오는 AI 소유자 또는 개발자에게 귀속되는 것이다. AI가 창출한 발명의 권리는 대체로 AI 소유자, 즉 AI를 개발하거나 운용하는 기업이나 개인에게 귀속될 가능성이 크다. 이 경우 AI는 단순한 도구로 간주되며, AI를 통해 생성된 발명의 권리는 이를 소유한 사람이 가진다는 해석이다. 예를 들어, 딥마인드(DeepMind)의 알파폴드가 AI를 이용해 단백질 구조를 예측했을 때, 그 결과물에 대한 권리는 딥마인드나 그 모회사인 구글이 소유하게 된다(Nature, 2020).

두 번째 시나리오는 인간과 AI의 공동 발명으로 인정하는 것이다. AI와 인간이 협력하여 발명한 경우, 일부 법적 논의에서는 이를 공동 발명으로 보고, 발명에 대한 권리를 AI를 개발한 사람 또는 이를 이용한 사람이 공동으로 나눌 수 있는지에 대한 논의도 이루어지고 있다.

책임 문제

AI가 발명 활동에서 자율적인 결정을 내리기 때문에, 발명의 결과물로 인해 발생하는 법적 또는 윤리적 책임을 누구에게 물을 것인지도 중요한 문제다. AI는 인간처럼 의도나 책임감을 가질 수 없기 때문에, AI가 발명 과정에서 의도치 않은 오류나 부작용을 발생시킬 경우, 그 책임은 일반적으로 AI를 개발하거나 운영한 사람 또는 기업이 지게 된다.

실례

다부스 사례: AI 시스템 다부스는 스스로 아이디어를 창출하고, 그 아이디어를 특허 신청한 사례로 유명하다. 2019년, 다부스는 음료 용기의 새로운 디자인과 비상등 장치의 발명을 창출했으며, 이를 발명가로 등록하려는 시도가 이루어졌다. 그러나 대부분의 국가에서 AI는 발명자로 인정되지 않았고, 발명의 권리 귀속을 인간 발명자에게만 허용했다. 이 사례는 AI가 발명한 창작물의 권

리 귀속에 대한 국제적인 논의를 촉발한 대표적인 사건이다(Thaler, 2019).

의료 AI 시스템의 부작용 책임 문제: AI 기반 의료 진단 시스템이 잘못된 진단을 내릴 경우, 그로 인한 법적 책임은 AI를 개발한 회사나 이를 사용한 병원에 귀속된다. 예를 들어, 아이비엠 왓슨의 의료 AI가 잘못된 진단을 내렸을 때, 그 결과로 발생하는 의료 사고의 책임은 AI 자체가 아니라, 이를 개발한 IBM 또는 시스템을 도입한 병원이 지게 된다(Nature Medicine, 2020).

현재의 법적 상태

대부분의 법적 시스템에서 AI가 창출한 발명의 권리는 AI 개발자, 소유자 또는 운용자에게 귀속된다. 그러나 AI가 더욱 자율적이고 독창적인 발명을 창출하는 시대가 도래함에 따라, 법적 틀을 재정비할 필요성이 제기되고 있다.

AI 자율 생성 발명에 대한 권리 귀속과 책임 문제는 여전히 논쟁 중이며, 법적 규제와 국제적인 기준이 마련될 필요가 있다. 앞으로 AI 발명이 더욱 일반화되면, 법적 틀의 변화가 불가피할 것으로 예상된다.

국내 사례

대한민국의 AI 발명 관련 특허법 현황

대한민국의 특허법은 전통적으로 발명자를 인간으로 정의하고 있으며, AI 자체를 발명자로 인정하지 않는다. 따라서 AI가 자율적으로 창출한 발명에 대한 권리 귀속 문제는, 발명을 보유한 주체(개발자, 소유자)에게 권리가 돌아가도록 규정되어 있다. 대한민국의 특허청(KIPO) 역시 이러한 관점에서 AI가 발명한 발명품에 대한 특허 신청 사례를 검토해 왔다.

대한민국에서도 다부스 사건이 논의된 바 있다. 다부스는 AI 시스템으로, 스스로 발명을 창출하여 국제적으로 특허를 신청한 사건으로 유명하다. 이 사건은 AI를 발명자로 등록할 수 있는지를 놓고 여러 국가에서 논쟁이 되었으며, 대한민국 특허청도 이와 관련한 심사에서 AI는 발명자로 인정되지 않는다는 결정을 내렸다. 대한민국 특허청은 인간이 아닌 AI는 특허 발명자가 될 수 없다는 기존 법적 입장을 고수하고 있다. 이는 세계 주요 국가들과 일치하는 방향으로, AI가 발명한 창작물은 인간 발명자가 AI를 도구로 사용한 것으로 간주하여, 인간에게 발명권을 부여하는 방식이다(KIPO, 2021).

다음은 삼성전자를 통해 본 국내 기업 사례다.

대한민국의 대표적인 기업인 삼성전자는 AI 기술을 이용한 다양한 발명 활동을 진행하고 있으며, 이에 따른 특허 출원도 활발하게 이루어지고 있다. 삼성전자는 AI를 활용해 반도체 설계, 이미지 인식, 스마트폰 기술 등에서 발명 활동을 지원하고 있으며, 이를 통해 다수의 특허를 취득했다. 하지만 이러한 특허는 AI가 발명자로 인정된 것이 아니라, AI를 활용한 인간 발명자가 특허를 신청한 사례다. 삼성전자의 AI 관련 발명 특허 출원은 AI가 창의적 도구로 사용될 수 있음을 보여 주는 국내 실례 중 하나다(삼성전자 특허청 보고서, 2020).

최근 대한민국에서는 AI가 창출하는 발명에 대한 법적 지위와 관련하여 새로운 논의가 일어나고 있다. 2021년 대한민국 특허청은 미래 산업 특허 제도 개선을 위한 연구를 발표했으며, 이 연구에서는 AI 발명과 같은 기술 발전에 맞춰 법적 틀을 정비할 필요성이 강조되었다. 현재 법률로는 AI가 발명 주체로 인정될 수 없으나, AI가 인간을 대신하여 발명할 수 있는 가능성이 높아짐에 따라 관련 법규의 변화가 필요하다는 견해가 제기되고 있다(KIPO, 2021).

대한민국은 현재 AI가 발명자로서 특허를 받을 수 없다는 입장을 고수하고 있으며, AI가 창출한 발명의 권리는 이를 운영하는 인간 발명자나 기업에 귀속된다. 그러나 AI가 발명 주체로서 활발히 활동함에 따라, 대한민국에서도 AI와 관련된 특허법의 변화가 필요하다는 논의가 진행 중이다. 향후 AI 발명에 대한 법적, 제도적 변화가 있을 경우, 국내 기업들의 발명 활동과 특허 출원 방식에도 상당한 변화가 예상된다.

AI가 발명 주체인 특허출원 예

AI를 도구로 활용하여 개발된 알고리즘이나 원리에 대해 인간이 발명자로서 특허를 출원한 사례는 존재한다.

다부스 사건

AI가 직접적으로 발명자로 나선 가장 유명한 사례는 다부스 사건이다. 다부스는 독립적으로 아이디어를 생성하는 AI 시스템으로, 새로운 발명 원리나 아이디어를 개발했다. 다부스는 두 가지 발명(음료 용기의 새로운 디자인과 비상등 장치)에 대해 특허를 신청했으나, AI가 발명자로 인정되지 않아 특허가 거부되었다. 이 사건은 AI가 특허 발명자로 인정받을 수 있는지에 대한 법적 논쟁을 촉발시켰다(Thaler, 2019).

구글의 AI 알고리즘 특허

구글은 AI를 활용해 다양한 알고리즘을 개발하고 이를 기반으로 많은 특허를 출원했다. 특히 딥러닝 알고리즘 및 자연어 처리 기술과 관련된 특허들이 많다. 구글이 AI를 활용하여 개발한 트랜스포너 모델[버트(BERT) 및 GPT 등의 기초 모델]은 인공지능 언어 모델의 혁신을 이끌었으며, 이와 관련된 여러 특허가 출원되었다. 하지만 이 경우에도 발명자는 AI가 아니라 이를 개발한 인간 연구자들이 특허에 명시되었다(Vaswani, 2017).

IBM 왓슨과 의료 알고리즘

IBM 왓슨은 의료 분야에서 AI를 활용해 다양한 의료 알고리즘을 개발하고, 이를 기반으로 특허를 출원한 사례가 있다. 왓슨은 암 진단이나 치료 추천과 같은 의료 솔루션에 사용되는 AI로, 이러한 시스템을 통해 의료 알고리즘과 진단 시스템에 대한 특허가 출원되었다. 그러나 이 경우에도 AI가 발명자가 아닌, 이를 개발한 연구자들이 발명자로 명시되었다(Nature Medicine, 2020).

이렇듯 다양한 분야에서 AI의 진보성은 효율성과 정확성을 높이고, 인간의 인지적 한계를 보완하는 데 크게 기여하고 있다.

AI 자율 생성 발명의 권리 귀속과 책임 문제는 기술 발전에 따라 더욱 복잡해지고 있으며, 이를 해결하기 위해서는 법적, 윤리적, 사회적 관점에서의 다각적인 접근이 필요하다. AI가 창의적 파트너로서 인정받는 동시에, 인간과 AI 간의 역할과 책임이 명확히 정의되어야 한다. 궁극적으로 이러한 논의는 AI의 잠재력을 최대한 활용하면서도 공정하고 지속 가능한 미래를 구축하기 위한 토대가 될 것이다. 지속적인 협력과 제도적 발전을 통해, AI와 인간이 함께 발전해 나가는 길을 열어 가야 한다.

참고문헌

삼성전자(2020). 삼성전자 특허 보고서 AI 특허 현황.

KIPO(2021). AI 발명과 관련된 법적 개선 연구 보고서.

Nature Medicine(2020). AI for radiology, AI in Medical Diagnostics.

Nature(2020). DeepMind's AlphaFold.

Thaler, S.(2019). DABUS: AI as an inventor and the legal challenges of AI-generated patents. ArXiv. https://arxiv.org/abs/1905.00136

Vaswani et al.(2017). Attention is All You Need. Transformer model and BERT development. ArXiv.

07
AI 발명의 진보성

AI 발명의 진보성은 기술 혁신을 촉진하고, 경제적 가치를 창출하며, 사회적 문제를 해결하는 데 긍정적인 역할을 하고 있다. 본 글에서는 진보성의 정의와 그 기준을 실제 사례를 통해 구체적으로 살펴보고, AI 기술의 지속적인 발전을 위해 해결해야 할 과제를 논의하고자 한다.

AI와 윤동주?

AI 발명에서 진보성의 정의와 기준

진보성이란, 발명이 기존 기술과 비교했을 때 새로운 기술적 효과를 제공하거나, 이전에 해결할 수 없던 문제를 해결하는 혁신적 특징을 갖는 것을 의미한다. AI 발명에서 진보성을 평가하기 위해 기술적 차별성, 혁신적 기여, 그리고 실용적 가치 등 세 가지의 기준이 적용된다.

AI 발명의 진보성을 평가하는 과정은 기존 기술(선행기술)과의 비교를 통해 이루어지며, 이 과정에서 AI가 창출한 독창적인 가치와 기술적 차별성이 중요한 평가요소로 작용한다. 예를 들어, 기존의 의료 영상 분석 기술은 주로 의료진의 경험과 직관에 의존하여 질병을 판독하는 방식이었다. 그러나 AI를 활용한 영상 분석 기술은 기계 학습과 딥러닝 알고리즘을 적용하여, 기존 기술로는 판별하기 어려운 초기 병변을 높은 정확도로 탐지할 수 있게 되었다. 이러한 기술적 차별성과 독창성은 기존의 의료진 판독 방식과 비교했을 때 명확한 진보성을 보여 주는 사례다. AI 기술의 진보성 인정 기준과 관련한 특허 심사의 사례를 살펴보자.

다음은 출원 발명과 인용 발명의 기술 분야 및 학습 데이터가 동일하고, 학습 모델의 차이가 통상의 기술자의 단순 설계 변경에 해당하는 경우에는 진보성이 인정되지 않는 것으로 판단될 수 있는 사례다. 다음은 청구항 (1)의 내용이다.

로봇 청소기의 제어 방법으로, 로봇이 주행 중 주변 영상을 수집하고, 이 영상에 영역 식별자를 설정해 학습 데이터를 생성한다. 생성된 학습 데이터를 이용해 합성곱 신경망(CNN)을 학습시키고, 현재 위치에서 수집된 영상을 학습된 신경망에 입력하여 현재 위치의 영역을 식별한다. 이를 바탕으로 로봇의 주행 경로를 재설정하고 청소 동작을 수행한다.

다음은 인공신경망을 이용한 자동 주행 청소기의 주행 제어 방법에 대한 인용 발명의 내용이다.

인공신경망을 이용한 자동 주행 청소기의 주행 제어 방법으로서, 청소기의 주변을 여러 영역(셀)로 나눈 뒤, 각 셀의 이미지를 촬영하여 데이터를 수집하고, 이를 기반으로 청소 가능/불가능 영역을 구분하여 학습 데이터를 생성한다. 학습된 인공신경망을 통해 현재 위치를 분석하고, 청소 가능 영역의 셀 번호를 따라 경로를 생성해 자동으로 청소기를 주행시키는 방식이다.

위 특허 명세 중 청구항 (1)은 진보성이 인정되지 않는 것으로 판단된다. 그 첫 번째 이유는 기존 기술과 유사한 구성 요소를 포함하고 있다는 점이다.

청구항 (1) 발명은 인공신경망(ANN)을 사용하여 자동 주행 청소기의 주행을 제어하는 방법을 제안한다. 그러나 인용 발명에서도 동일하게 인공신경망을 이용하여 청소기의 주변을 분석하고, 경로를 생성한 뒤, 청소기를 주행시키는 방법을 제시하고 있다. 따라서 청구항 (1) 발명의 구성은 기존 인용 발명과 거의 동일하거나 유사한 점이 많다.

진보성이 인정되지 않는 두 번째 이유는 기술적 차별성이 부족하다는 점이다. 진보성이 인정되기 위해서는 기존 기술(인용 발명)과 비교했을 때 새로운 기술적 특징이 있어야 한다. 청구항 (1)의 발명은 인공신경망을 적용한 주행 제어라는 측면에서 인용 발명과 동일한 기술을 사용하고 있으며, 추가적인 혁신적 요소가 발견되지 않았다. 청소 가능 영역과 불가능 영역의 구분, 셀 번호를 기반으로 경로를 생성하는 방식 등은 이미 인용발명에 포함되어 있다. 따라서 새로운 기술적 효과나 창의적 해결책을 제시하지 못한 것으로 평가된다.

진보성이 인정되지 않는 세 번째 이유는 단순 설계 변경으로 간주된다는 점이다. 기술 상식에 따르면, 통상의 기술자가 인공신경망, 합성곱 신경망, 순환 신경망(RNN) 중 하나를 선택적으로 적용하는 것은 단순한 설계 변경으로 간주된다. 청구항 (1) 발명에서 인공신경망을 사용한 것도 단순히 기존 기술에서 선택 가능한 요소를 활용한 것으로 판단될 수 있다. 즉 통상의 기술자가 쉽게 생각할 수 있는 범위에 해당하며, 창의적인 발명의 결과로 보기 어렵다는 점이다.

결국 청구항 (1) 발명은 기존 인용 발명과 본질적으로 동일하거나 유사한 기술을 사용하는 것으로 간주되며, 기술적 차별성을 입증할 만한 새로운 요소가 부족하다는 이유로 진보성이 인정되지 않는다는 결론에 도달한 것이다(AI관련 분야 특허 심사 사례, 2021).

AI 발명의 진보성 사례

'AI 발명의 진보성'은 AI 기술이 기존 기술에 비해 얼마나 혁신적이고 발전적인지를 나타내는 개념이다. 예를 들어 자율 주행차는 기존의 운전 방식에 비해 안전성과 편리함을 제공하는데, 이는 AI 알고리즘이 실시간으로 교통 상황을 분석하고 판단하기 때문이다(Lee, 2020).

또한 AI를 활용한 의료 진단 시스템은 의사의 진단보다 더 높은 정확도를 보여 주고 있다. 이러한 시스템은 대량의 데이터를 학습하여 질병을 조기에 발견할 수 있어 전통적인 진단 방법보다 진보적인 접근이라고 할 수 있다(Kim, 2021).

AI 생성 콘텐츠는 예술과 미디어 분야에서 새로운 가능성을 열어 주고 있다. AI가 작곡한 음악이나 생성한 그림은 인간의 창작물과 구별이 어려운 수준에 이르렀다. 이는 AI가 창의성의 경계를 확장하는 데 기여하고 있음을 보여 준다(Park, 2019).

'AI를 활용한 의료 진단 시스템'의 예는 다양하다. IBM의 왓슨 헬스는 방대한 의료 데이터를 분석하여 암 진단 및 치료법 추천에 활용되고 있으며, 여러 연구에서 의사의 판단보다 높은 정확도를 기록하고 있다. 이 시스템은 두 가지 구성 요소 왓슨 포 온콜로지(Watson for Oncology), 왓슨 이미징(Watson Imaging)을 포함하는데, 전 세계의 임상 연구와 환자 데이터를 바탕으로 개인 맞춤형 치료 계획을 수립하는 왓슨 포 온콜로지와 MRI, CT, X-ray 등에서 얻은 이미지를 AI가 분석하여, 육안으로 확인하기 어려운 질병 초기 단계를 신속하게 진단할 수 있는 왓슨 이미징은 AI를 활용한 혁신적인 진단 및 치료 지원 시스템으로 자리매김하고 있다. 구글의 딥마인드는 안과 질환 진단을 위한 AI 시스템을 개발했다. 이 시스템은 망막 이미지를 분석하여 질병을 조기에 발견할 수 있으며, 안구의 3차원 스캔 이미지를 분석하여 다양한 안과 질환을 신속하고 정확하게 진단하는 데 도움을 준다.

지브라 메디컬 비전(Zebra Medical Vision)은 AI를 통해 X-ray 및 CT 스캔 이미지를 분석하여 질병을 탐지하는 솔루션을 제공한다. 이 시스템은 방대한 의료 영상 데이터를 기반으로 딥러닝 알고리즘을 학습시켜, 의료진이 보다 정확하고 신속하게 진단을 내릴 수 있도록 지원한다. 주요한 특징으로 다양한 질병 탐지, 의료진 워크플로우 통합 및 높은 정확도와 신뢰성과 무엇보다도 스캔당 1달러의 저렴한 비용으로 제공되어 비용 효율성이 매우 높은 특징을 포함하고 있다.

AI 발명의 진보성 평가의 도전과제

AI 발명에서 진보성을 평가하는 과정은 몇 가지 도전 과제에 직면한다.

첫 번째는 데이터 의존성으로, AI 기술은 대규모 데이터에 의존하기 때문에, 데이터의 양과 질이 기술적 진보성을 평가하는 데 영향을 미칠 수 있다. 예를 들어 AI 기반 진단 기술은 다양한 질병 사례의 데이터를 학습해야 하지만, 데이터가 특정 지역이나 인구 집단에 치우친 경우, 그 기술의 진보성이 보편적으로 적용 가능한지 평가하는 데 어려움이 있다.

다음은 복잡한 기술 구조다. AI 기술은 다단계 프로세스와 복잡한 알고리즘을 포함하고 있어, 기존 기술과의 차별성을 명확히 정의하기 어려울 수 있다. 예를 들어, 자연어 처리 AI 시스템은 수많은 하위 알고리즘과 모델을 결합하여 작동하기 때문에, 어떤 부분이 기존 기술 대비 진보성을 나타내는지 구체적으로 입증하기 어렵다.

마지막은 윤리적 고려다. AI 기술이 사회적, 윤리적 문제를 야기할 가능성이 있는 경우, 이러한 문제를 고려하여 진보성을 평가해야 한다. AI가 의료 데이터의 프라이버시를 침해할 가능성이 있는 경우, 해당 기술의 진보성을 평가할 때 기술적 혁신뿐만 아니라 데이터 보호 및 윤리적 책임도 고려되어야 한다.

지속 가능한 혁신을 위한 진보성의 역할

AI 발명의 진보성은 단순히 기술적 우위를 확보하기 위한 도구가 아니라, 지속 가능한 기술 혁신과 사회적 가치를 창출하기 위한 핵심 요소다. 예를 들어, 의료 분야에서의 AI 기술 진보성은 조기 진단과 효율적인 자원 분배를 가능하게 함으로써 의료 서비스의 접근성을 높이고, 궁극적으로 전 세계적인 건강 격차를 줄이는 데 기여할 수 있다. 또한 환경 분야에서는 AI가 에너지 효율성을 극대화하거나 탄소 배출을 감소시키는 솔루션을 제공함으로써 지속 가능한 발전 목표(SDGs)를 실현하는 데 중요한 역할을 한다. AI 기술이 인간의 삶을 풍요롭게 하고 산업의 효율성을 높이는 데 기여하기 위해서는, 진보성을 올바르게 평가하고 이를 바탕으로 기술을 보호하며 발전시키는 노력이 필요하다. 미래에는 AI 기술이 더욱 창의적이고 독창적인 방식으로 문제를 해결할 것이며, 이러한 발전을 지원하는 법적, 기술적, 윤리적 프레임워크가 함께 발전해야 할 것이다.

참고문헌

AI Ethics Journal(2024). Ethical considerations and AI cases. https://aiethicsjournal.com

Deep Mind(2016). Google DeepMind's Medical Image Analysis Case Study. https://www.deepmind.com

Goodfellow, I., Bengio, Y., & Courville, A.(2023). Definition and examples of complex technical structures. Arxiv.

Kim, S.(2021). AI in Healthcare: Advancements in Diagnostic Accuracy. *Medical AI Journal*, 12(4), pp.78-90.

Lee, J.(2020). The Impact of AI on Autonomous Driving Technology. *Journal of Transportation Research*, 45(2), pp. 123-135.

OpenAI(2023). AI-based translation system.

https://www.openai.com/research/gpt

Park, H.(2022). The Role of AI in Creative Industries: Music and Art Generation. *Journal of Digital Creativity*, 8(1), pp. 45-60.

SAGE Journals(2024). Data dependency issues and cases. https://journals.sagepub.com/home/aie

Tesla(2024). A case study of Tesla's autonomous driving technology. https://www.tesla.com,

08
AI 시대의 특허 산업 구조 변화

AI 기술은 혁신의 중심에 자리 잡으며 새로운 발명의 형태를 만들어 내고, 지식재산권(IP) 보호와 관리에 새로운 과제를 제시하고 있다. 특허 산업 구조의 특징과 이에 따른 도전 과제를 분석하고, 미래의 지식재산권 체계가 나아가야 할 방향을 제시하고자 한다.

AI와 한의학?

특허 산업 구조에 일어난 변화

AI 시대의 도래는 특허 산업 구조에 중요한 변화를 가져오고 있다. 첫째, AI 기술이 연구 개발 과정에 활용되면서 특허 출원이 빠르게 증가하고 있다. AI는 복잡한 문제를 해결하는 데 필요한 분석을 수행하며, 이를 통해 기술 개발이 가속화되고 있어 특허 경쟁이 치열해지고 있다(McKinsey, 2024).

둘째, AI가 스스로 새로운 아이디어나 기술을 만들어내는 '기계 발명(Machine Invention)' 사례가 증가하면서 법적 문제와 윤리적 쟁점이 부각되고 있다(Anderson, 2023). 현행 법 제도는 인간 발명자를 전제로 하고 있어, AI 발명품의 지적 재산권 귀속에 대한 논의가 활발히 이루어지고 있다(WIPO, 2024). 현재의 법 제도는 발명을 한 사람이 반드시 인간일 것이라는 전제를 바탕으로 만들어져 있다. 그러나 AI가 스스로 새로운 기술이나 아이디어를 발명하는 사례가 증가하면서, AI가 만든 발명품의 소유권을 누구에게 돌려야 할지에 대한 논의가 활발히 이루어지고 있다. 예를 들어, AI가 발명한 기술에 대해 그 권리를 AI 개발자에게 줄지, AI를 소유한 기업에 줄지, 아니면 별도의 새로운 기준을 만들어야 할지에 대한 문제를 해결해야 하는 상황이다.

셋째, 특허 심사와 관리에서도 AI가 도입되고 있다(USPTO, 2023). AI는 특허 문서를 자동 분석하여 중복 출원 여부를 판별하거나 기술 동향을 파악하는 데 사용되며, 이를 통해 심사 효율성이 높아지고 있다(EPO, 2024). AI는 특허 문서를 빠르고 정확하게 분석할 수 있는 기술을 가지고 있다. 이를 통해 새로 제출된 특허가 이미 존재하는 특허와 겹치는지 확인하거나, 특정 분야에서 기술이 어떻게 발전하고 있는지를 파악할 수 있다. 이러한 AI의 활용 덕분에 특허 심사 과정이 더 효율적이고 정확하게 이루어지고 있는 것이다.

마지막으로, AI 특허는 범위가 넓고 기술 융합이 빈번하여 특허 분쟁의 복잡성이 증가하고 있다(Baker & McKenzie, 2023). 특허 AI의 특성상 소프트웨어와 데이터 관련 법적 이슈가 얽혀 있어 기존의 특허 체계로는 이를 효과적으로 해결하기 어려운 측면이 있다(LexisNexis, 2023). 이는 AI는 소프트웨어와 데이터를 기반으로 작동하는 기술인데, 소프트웨어와 데이터는 기존의 특허 체계에서 보호받는 방식과 다소 차이가 있다. 소프트웨어는 보통 저작권으로 보호되며, 데이터는 소유권이나 개인정보보호법 등과 연결되어 있다. 이로 인해 기존의 특허 체계만으로는 AI 기술에 대한 권리를 효과적으로 보호하거나 분쟁을 해결하기가 어렵다. AI는 소프트웨어와 데이터가 밀접하게 연결된 특성을 가지고 있어 기존 특허 체계가 이를 다루기에 한계가 있다. 따라서 AI는 특허 산업 전반에 걸쳐 중요한 변화를 초래하며, 이에 따른 제도적 개편이 요구되고 있다(Harvard Business Review, 2024).

글로벌 산업구조에 이는 변화

해외 산업 구조는 AI와 디지털 기술의 발전으로 큰 변화를 겪고 있다. 예를 들어, 제조업에서는 사람이 하던 단순 반복 작업을 로봇과 자동화 기계가 대체하고 있다. 이로 인해 공장은 더 적은 인원으로도 운영할 수 있게 되고, 생산 속도와 효율이 크게 높아지고 있다. 또한 서비스업에서는 고객 데이터를 분석해 개인 맞춤형 서비스를 제공하는 AI 기술이 널리 활용되고 있다. 예를 들어, 온라인 쇼핑에서는 고객의 취향에 맞는 상품을 추천하거나, 금융업에서는 AI가 대출 심사와 사기 탐지를 자동으로 처리하고 있다.

다음은 구체적인 산업 구조 변화에 대한 해외 사례다.

첫 번째는 IBM의 왓슨을 활용한 제약 특허다.

IBM은 왓슨을 이용해 신약 개발을 가속화하고, AI 기술을 통해 기존 데이터에서 새로운 약물 후보를 탐색해 특허를 출원했다(Johnson & Johnson, 2023). IBM의 왓슨은 AI 기술을 활용해 신약 개발 과정을 더 빠르고 효율적으로 만드는 데 사용되고 있다. 예를 들어, 제약 회사가 특정 질병을 치료할 약물을 찾고자 할 때 왓슨은 수백만 건의 기존 연구 데이터, 논문, 임상 시험 기록을 분석해 새로운 약물 후보를 찾아낸다.

어떤 질병에 대해 효과적인 약물을 개발하려고 할 때, 왓슨은 기존 데이터에서 그 질병과 관련된 화합물이나 약리 작용을 분석한다. 그런 다음, 이런 데이터를 바탕으로 인간 연구자가 미처 생각하지 못한 새로운 조합이나 약물 설계 방안을 제안한다. IBM은 이렇게 발견한 새로운 약물 후보를 바탕으로 특허를 출원하여 신약 개발을 가속화한 것이다. 이 과정은 사람이 모든 데이터를 일일이 분석하는 것보다 훨씬 빠르고 정확한 결과를 만들어낸다.

이를 통해 연구 개발 효율성이 크게 높아지며, 제약 산업에서 AI 기반의 특허 출원이 증가하고 있다. 미국 특허청(USPTO)은 AI 기반 특허 심사 시스템을 도입하고 있다. 미국 특허청은 AI 기술을 활용하여 특허 심사 과정에서의 효율성을 높이기 위한 프로그램을 도입하였다. 이를 통해 AI는 중복 특허 여부와 기술 동향 분석에 활용되어 심사 과정을 보다 빠르고 정확하게 하는 데 기여하고 있다(USPTO, 2023).

예를 들어, 누군가가 새로운 발명품에 대해 특허를 신청하면 AI는 기존의 수백만 건의 특허 문서를 분석해 비슷한 특허가 있는지 확인한다. 만약 이미 존재하는 발명과 유사한 점이 많다면, 이를 심사관에게 알려 준다. 이를 통해 사람이 직접 모든 문서를 검토해야 하는 번거로움을 줄일 수 있다.

또한 AI는 기술 동향도 분석한다. 예를 들어, 특정 기술 분야에서 어떤 발명이 최근 많이 출원되고 있는지를 파악해 심사관에게 알려 준다. 만약 AI가 "최근 배터리 기술 관련 특허가 급증하고 있다"라고 분석하면, 심사관은 그 분야의 최신 기술 흐름을 빠르게 이해하고 심사를 진행할 수 있다.

결과적으로, AI는 반복적이고 시간이 많이 걸리는 작업을 대신 처리하여 특허 심사관이 중요한 판단에 집중할 수 있도록 돕는 역할을 하고 있다.

국내 산업구조에 야기된 변화

AI 기술의 발전으로 국내 특허 산업 구조는 크게 변화하

고 있다. 주요 변화는 다음과 같다

AI 기반 특허 출원의 증가

AI가 발명을 지원하거나 직접 발명에 참여하면서 관련 특허 출원이 급증하고 있다. 예를 들어, 국내 제약사들은 AI를 활용해 신약 후보 물질을 발굴하고 이를 특허로 출원하고 있다. SK바이오팜이 AI 기술을 이용해 뇌전증 치료제를 개발하고, 이에 대한 특허를 확보했다는 사례가 대표적이다. 이러한 변화는 AI 기술이 새로운 산업 혁신의 중심에 있음을 보여 준다(한경비즈니스, 2023).

특허 심사의 효율화

특허청은 AI 기술을 활용해 특허 심사 과정을 더 효율적으로 처리하고 있다. AI는 중복 특허 여부를 빠르게 분석하거나 기술 동향을 예측해 심사관의 업무를 돕는다. 예를 들어, 국내 특허청은 딥러닝 알고리즘을 사용해 수많은 특허 문서를 분석하고, 유사한 특허를 빠르게 찾아내는 시스템을 운영 중이다(한국 특허청 AI 심사 도입 사례, 2021).

산업 구조의 고도화

AI 기술은 새로운 산업 분야의 창출과 기존 산업의 혁신을 이끌고 있다. 특히 반도체, 바이오, 자율 주행과 같은 첨단 기술 분야에서 AI 특허가 산업 경쟁력을 좌우하는 핵심 자산으로 떠오르고 있다. 예를 들어, 삼성전자는 AI 기술을 접목한 반도체 설계와 제조 기술에서 다수의 특허를 보유하며 글로벌 경쟁력을 강화하고 있다(전자신문, 2022).

삼성전자는 AI 기술을 반도체 설계와 제조 과정에 적용하고 있다. 반도체 설계는 미세하고 복잡한 작업이 필요한데, AI를 활용하면 설계 과정을 자동화하고 최적화할 수 있다.

구체적으로 AI는 반도체 칩의 회로 설계를 분석해 가장 효율적인 구조를 찾아내거나, 생산 과정에서 발생할 수 있는 결함을 미리 예측해 품질을 높이는 데 사용된다. 이런 기술들은 삼성전자가 더 작은 크기이면서도 더 강력한 반도체를 만드는 데 기여하고 있으며, 이를 특허로 보호하고 있다.

결과적으로 삼성전자는 AI와 관련된 특허를 다수 확보함으로써 다른 회사들이 비슷한 기술을 무단으로 사용하는 것을 방지하고, 글로벌 시장에서 기술적 우위를 유지하고 있다. 이렇게 AI 특허는 첨단 기술 산업에서 기업의 성장과 경쟁력을 강화하는 중요한 자산이 되고 있다.

특허 분쟁의 증가

AI 기술이 여러 산업에 융합되면서 특허 분쟁도 복잡해지고 있다. 예를 들어, AI 자율 주행 기술과 관련해 글로벌 경쟁이 치열한 가운데, 국내 기업들도 관련 기술을 특허로 보호하고 분쟁에 대비하고 있다(특허전문저널, 2023). AI 기술이 다양한 산업에 적용되면서 관련 특허를 둘러싼 분쟁도 점점 복잡해지고 있다. 특히 자율 주행 기술 분야에서 이러한 현상이 두드러진다. 자율 주행 차는 AI 기술로 주변 환경을 인식하고, 도로 상황을 판단하며, 스스로 운전하는 차량이다. 이 기술에는 카메라, 센서, 라이다(LiDAR), 소프트웨어 알고리즘 등 다양한 첨단 기술이 포함된다. 각 기술은 여러 기업들이 개발한 독자적인 특허로 보호되는데, 이 과정에서 비슷한 기술이나 중복된 특허가 존재하면 분쟁이 발생할 수 있다. AI 기술은 산업 전반에 걸쳐 혁신을 일으키며 특허 산업의 구조를 근본적으로 변화시키고 있다. 발명의 방식부터 특허 심사 과정, 분쟁 양상에 이르기까지 AI는 기존 시스템에 도전하면서 새로운 기준과 규범을 요구하고 있다. AI 기반 특허는 이제 단순히 기술 보호의 수단을 넘어, 기업의 경쟁력을 좌우하는 핵심 자산이자 글로벌 시장에서의 지위를 결정짓는 중요한 요소로 자리 잡고 있다.

앞으로 AI 기술의 발전이 가속화될수록 특허 산업은 더욱 복잡하고 전문화될 것이다. 이에 따라 각국은 AI 기술에 적합한 특허 제도와 정책을 마련해야 하며, 기업들도 변화에 발맞춰 지식재산권 전략을 재구성할 필요가 있다. AI 시대의 특허 산업은 더 이상 단순한 보호와 등록의 단계에 머무르지 않고, 기술 혁신과 경제적 가치를 창출하는 필수적인 영역으로 진화하고 있다.

참고문헌

전자신문(2022.10.15). 삼성전자 AI 특허 동향, A3면.

특허전문저널(2023). AI 특허 분쟁사례, 15(3), pp. 45-50.

한경비즈니스(2023). AI, 신약 개발의 핵심으로 떠오르다, 제1345호, pp. 24-27.

Baker & McKenzie(2023). Complexities of AI Patent Disputes. Legal Insights Journal.

EPO(2024). AI-Powered Patent Examination for Modern Challenges. EPO Research Studies.

Harvard Business Review(2024). Reforming Patent Systems for the AI Era.

LexisNexis(2023). Navigating Legal Issues in AI Patents.

LexisNexis Legal Reviews.
USPTO(2023). AI in Patent Examination: Enhancing Efficiency and Accuracy. USPTO White Paper Series.
WIPO(2023). WIPO Technology Trends 2023: Artificial Intelligence.
WIPO(2024). AI and Intellectual Property Rights: A Comprehensive Study. WIPO Publications.

09

AI 시대 특허법의 새로운 과제

AI가 직접 발명에 참여하거나 독자적으로 새로운 기술을 창출하는 사례가 증가하면서, 법적 · 제도적 공백이 드러나고 있다. AI시대의 특허법은 다양한 변화와 도전에 어떻게 대응할 것인지가 중요한 과제가 되고 있다.

AI와 화장품?

AI 기술이 특허 심사와 관리 방식에 불러온 변화

AI 기술은 특허 심사와 관리 방식에 큰 변화를 가져오고 있다. 과거에는 사람이 모든 특허 문서를 일일이 검토하며 중복 여부를 확인하거나 기술의 독창성을 판단했다. 그러나 AI를 활용하면 이 과정이 훨씬 더 빠르고 정확하게 이루어진다.

예를 들어, 특허청에서 AI를 활용하면 새로 제출된 특허 출원이 기존 특허와 유사한지 빠르게 분석할 수 있다. AI는 수백만 건의 특허 문서를 단시간에 검색해 유사한 내용이나 중복된 기술을 찾아낸다. 이런 방식은 사람이 검색할 때 놓칠 수 있는 세부적인 유사점까지도 검출할 수 있어 심사관의 업무를 크게 줄여 준다.

또 다른 예로, AI는 기술 동향을 분석해 특정 산업에서 어떤 종류의 특허가 급증하고 있는지도 알려 준다. 예를 들어, 최근 몇 년 동안 전기차 배터리와 관련된 특허가 증가하고 있다면 AI는 이를 분석해 심사관에게 관련 정보를 제공한다. 이를 통해 심사관은 최신 기술 흐름을 이해하며 심사를 진행할 수 있다.

결론적으로, AI는 반복적이고 시간이 많이 걸리는 작업을 대신 처리하며, 심사관들이 중요한 판단과 검토에 집중할 수 있도록 돕는 역할을 하고 있다. AI 기술은 특허 심사 과정을 더 효율적이고 체계적으로 변화시키고 있다.

기존 특허 체계로는 다루기 어려운 복잡한 기술 융합 문제

AI 시대에는 다양한 기술이 융합되어 기존의 특허 체계로 다루기 어려운 복잡한 문제가 발생하고 있다. 특히 자율 주행 차 기술이 대표적인 예다.

자율 주행 차는 AI, 센서, 통신 기술, 소프트웨어 알고리즘 등 다양한 기술이 결합된 시스템이다. 예를 들어, 센서 기술 면에서 자율 주행차는 카메라, 레이더, 라이다 등 여러 센서를 사용해 주변 환경을 인식한다. AI 알고리즘은 이 데이터를 처리해 차량의 경로를 계산하고, 장애물을 피하거나 속도를 조절한다.

통신 기술은 차량 간 통신(V2V)이나 인프라와의 통신(V2X)을 통해 실시간 정보를 공유한다.

이렇게 다양한 기술이 결합되면서, 각 기술이 서로 어떻게 작동하는지에 따라 특허의 범위와 권리가 모호해진다. 예를 들어, 라이다 기술에 대한 특허를 보유한 회사와 AI 기반 경로 계산 소프트웨어를 개발한 회사가 서로의 특허를 침해했다고 주장하는 상황이 생길 수 있다. 이는 기술 융합으로 인해 특허 경계가 모호해지면서 발생하는 문제다.

웨이모 대 우버(Waymo vs. Uber) 사례 또한 좋은 예다. 구글의 자율 주행 자회사인 웨이모는 우버가 자사의 라이다 기술 특허를 침해했다고 주장하며 소송을 제기했다. 이 소송은 자율 주행 차 기술이 얼마나 많은 융합 기술에 의존하며, 특허 분쟁이 복잡할 수 있는지를 보여주는 대표적 사례다(Reuters, 2018).

국내 자율 주행 기술 특허 동향을 보면, 국내 기업들도 자율 주행 관련 융합 기술 특허를 적극적으로 확보하고 있으며, 분쟁 가능성에 대비하고 있다(전자신문, 2023).

종합하면, 이처럼 융합 기술이 복잡하게 얽힌 상황에서는 기존 특허 체계만으로는 권리를 명확히 판단하기 어렵다. 이에 따라 기술 융합의 특성을 반영한 새로운 특허 기준과 분쟁 조정 방안이 필요하다. AI 시대의 특허법은 이러한 도전을 해결하기 위해 지속적으로 발전해야 한다.

변화와 도전에 대응하는 방법

AI 기술의 발전으로 특허법은 기존의 틀을 넘어 새로운 방향으로 발전해야 한다. 이 과정에서 다음과 같은 구체적인 대응 방안이 논의되고 있다.

첫 번째는 AI 발명의 소유권 문제 해결이다. AI가 직접 발명에 참여하거나 새로운 기술을 창출하는 경우, 해당 발명의 소유권을 누구에게 부여할지에 대한 논의가 필요하다. 현재 특허법은 인간 발명자를 전제로 하지만, AI 시대에는 다음과 같은 대안이 제시되고 있다. AI 개발자 소유권은 AI를 개발하거나 운영한 사람이 발명의 소유권을 가지는 방식이다. 기업 소유권은 AI를 소유한 회사가 해당 발명의 권리를 가지는 방식이다. 그리고 AI 자체 권리 인정 여부에 대한 논의로 장기적으로 AI를 발명자로 인정할지에 대한 것이다.

두 번째는 특허 심사 체계의 고도화다. AI를 활용해 특허 심사를 더 효율적으로 만드는 체계를 도입하고 있다. 예를 들어, AI가 기존 특허 데이터를 분석해 중복 여부를 자동으로 확인하거나, 최신 기술 동향을 제공하여 심사관이 보다 정확한 결정을 내릴 수 있도록 돕는다. 이러한 기술을 통해 심사 속도를 높이고 오류를 줄이는 것이 목표다.

다음은 AI 융합 기술의 특허 기준이다. AI 기술은 여러 산업에 융합되기 때문에 특허법은 복잡한 융합 기술에 맞는 기준을 마련해야 한다. 예를 들어, 자율 주행차의 특허는 센서, 소프트웨어, 네트워크 기술 등 여러 기술이 결합된 상태로 출원된다. 이를 심사하고 보호할 새로운 기준과 절차가 필요하다.

그리고 국제 협력 강화에서 AI 기술은 글로벌 경쟁 속에서 발전하기 때문에 각국의 특허법이 상충하지 않도록 국제적 협력이 중요하다. 예를 들어, 국제 특허 분쟁을 줄이기 위해 AI 발명에 대한 표준화된 규정을 마련하거나, AI 기술 관련 데이터 교환 및 협력 체계를 구축하는 방안이 제시되고 있다.

마지막은 법적 · 윤리적 문제 대응에 관한 것으로, AI 기술이 발명에 관여하면서 윤리적 문제 또한 부각되고 있다. 예를 들어, AI 발명이 윤리적으로 문제가 있는 기술을 개발할 경우, 이를 어떻게 규제하고 판단할지에 대한 법적 기준이 필요하다.

종합하여, AI 시대의 특허법은 단순히 기존 법체계를 유지하는 데 그치지 않고, AI 기술의 특성을 반영한 새로운 규정과 절차를 마련해야 한다. 발명의 소유권 문제부터 융합 기술의 기준, 국제 협력까지 다양한 영역에서 대응책을 마련함으로써 AI 기술이 산업 발전에 긍정적으로 기여하도록 유도해야 한다.

법적 혼란을 막기 위한 특허법의 과제

현재 특허법은 발명을 인간이 창작한 것으로 전제하고 있어 AI가 창작한 발명에 대해 권리 귀속의 주체를 명확히 규정하지 못하고 있다. AI의 역할이 단순한 도구가 아닌 창작의 주체로 점차 인정받는 상황에서 누가 그 권리를 가지는지 정하지 않으면 법적 혼란이 발생할 수 있다.

또한 AI 창작물에 대한 권리 귀속 문제는 기술 발전과 혁신을 저해할 가능성을 포함한다. 발명이나 창작물에 대한 명확한 권리 귀속이 보장되지 않으면, 기업이나 연구자가 AI를 활용한 기술 개발에 투자하거나 노력할 유인이 줄어들 수 있다.

이어서 기존 법체계와의 조화는 국제적 협력과 경쟁에서도 필수적이다. AI 기술은 전 세계적으로 개발되고 활용되므로, 한 국가의 법체계가 다른 국가와 지나치게 다르거나 모호하면, 글로벌 기술 거래와 특허 분쟁에서 불이익을 초래할 수 있다.

따라서 AI 창작물의 권리 귀속 문제를 해결하고 이를 기존 특허법과 조화롭게 통합하는 것은 법적 안정성과 기술 혁신을 동시에 보장하기 위한 핵심 과제다.

AI 시대는 기존 특허법의 틀에 새로운 도전과 변화를 요구하고 있다. 인간 발명자를 전제로 한 전통적인 특허 체계는 AI가 발명에 참여하거나 독자적으로 기술을 창출하는 현실을 충분히 반영하지 못하고 있다. 이에 따라 AI 발명 소유권, 융합 기술의 보호 기준, 국제 협력 및 윤리적 문제 등 다양한 과제가 부각되고 있다.

이러한 변화는 특허법의 진화를 필요로 한다. AI 기술의 특성을 반영한 새로운 법적 틀과 제도를 마련함으로써 혁신을 촉진하고 분쟁을 줄이며, 글로벌 경쟁 속에서 국가와 기업의 기술력을 보호하는 방안이 필요하다. AI 시대의 특허법은 단순히 과거의 법적 한계를 극복하는 데 그치지 않고, 기술과 법이 상호 조화를 이루어 미래 산업 발전의 밑거름이 되어야 할 것이다.

참고문헌

전자신문(2022.11.15.). 삼성전자의 AI 특허 동향.
전자신문(2023.3.20.). 국내 자율 주행 기술 특허 동향.
특허청(2021.8.30.). 한국 특허청의 AI심사 도입.
한경비즈니스(2023.5.12.). SK바이오팜 사례.
Reuters(2018.2.9.). Case of Waymo vs. Uber.

10
특허법상 AI의 수용에 대해

본 장의 내용은 AI 발명과 관련한 법적 공백을 메우고, 기술 혁신을 보호하며, 동시에 공정성과 윤리성을 담보하기 위한 방안을 고민하는 과정으로 법적, 기술적, 사회적 관점이 종합적으로 고려되어야 하는 복합적인 과제를 다룬다.

종교와 AI?

산업계의 AI 특허 이슈

중소기업을 이끄는 대표로서, 기술 개발 기획 단계에서 AI와의 융합은 최근 몇 년간 가장 큰 고민 중 하나였다.

AI 기술의 확산과 특허권의 연계는 이미 산업계에서 핵심 과제로 자리 잡았다. 모든 기술 분야에서 AI와의 융합을 통해 혁신을 이루기 위해 끊임없이 노력하고 있으며, 중소기업 역시 생존과 성장을 위한 필수 전략으로 AI 기술에 적극 투자하고 있다.

그러나 이러한 노력이 특허(산업재산권)로 이어지지 않는다면, 기업은 막대한 손실을 입고 시장에서 경쟁력을 상실할 위험이 크다. 이는 기업의 도태로 이어질 뿐 아니라, 국가 차원의 기술력 저하와 산업 경쟁력 약화로 연결될 수 있다.

AI 기술의 발전을 특허로 연결하는 것은 기업의 지속 가능성과 국가 기술 경쟁력 강화를 위한 필수적인 과제다. 이를 실현하기 위해서는 정부와 산업계의 긴밀한 협력과 적극적인 지원이 반드시 필요하다.

AI 기술과 특허권의 긴밀한 연계는 더 이상 선택이 아닌 필수 과제가 되었다. 이를 촉진하기 위한 적극적인 노력이 필요한 시점이다.

글로벌 산업계에서 AI 특허 경쟁은 날로 치열해지고

있다. 2024년 현재 기준 전 세계 AI 특허 경쟁 현황을 살펴보면, 중국이 압도적인 선두를 차지하고 있다. 1위는 중국 텐센트로 2074건의 특허를 보유하고 있으며, 2위는 핑안(1,546건), 3위는 바이두(1,234건)로 모두 중국 기업이 상위권을 차지하고 있다.

최근 10년간 AI 특허 등록에서 대한민국은 3위를 기록하며 약 6000건의 발명 특허를 확보했다. 특히 삼성전자가 AI 기술 분야에서 선두를 달리고 있다. 2위는 약 2만 건의 특허를 보유한 미국으로, 자율 주행에 필수적인 시각 지능 기술 특허에서 강세를 보이고 있다. 이러한 기술은 미래의 자동차 및 무기 개발에 핵심적인 역할을 할 것으로 기대된다.

1위는 단연 중국으로, 최근 약 9만 건에 달하는 AI 특허를 보유 중이다. 중국은 특히 대학을 중심으로 AI 기술 개발에 집중하며 빠르게 성장하고 있다.

이러한 흐름 속에서 AI 기술의 발전을 특허로 연결하는 것은 기업의 경쟁력 강화뿐 아니라 국가 기술 주권을 지키는 중요한 전략이 될 것이다.

AI 특허 경쟁에서 승리하기 위해서는 기업 중심의 특허보다 대학 중심의 원천 기술 특허에 집중해야 한다는 것이 전문가들의 공통된 의견이다.

미국 스탠퍼드대 인간중심 AI연구소가 발간한 "AI 인덱스" 보고서에 따르면, 2023년 기준 한국은 인구 10만 명당 AI 특허 수와 AI 인재 집중도에서 세계 3위를 기록하며 양호한 성과를 보이고 있다. 그러나 AI 인재 유출이 심각한 나라로 분류되고 있다.

캐나다의 사례를 보면, AI 인재 규모가 눈에 띄게 증가하고 있다. 캐나다는 2017년 AI 국가 전략을 수립하고, 대학 및 AI 연구소에 집중적인 펀드 지원을 시작했다. 캐나다 당국은 "흥미로운 연구를 수행하는 연구 기관을 확보하는 것이 AI 인재 확보의 핵심"이라고 평가하고 있다.

AI가 산업계에 가져온 변화는 혁명적이다. AI를 활용하면 수백 개의 디자인 시안을 단 몇 분 만에 제작할 수 있으며, 과거 수개월이 걸리던 1000건의 특허 분석도 단 두 시간 내에 가능하다. 나아가 AI는 이전에는 불가능했던 1만 건 이상의 방대한 자료까지 검토할 수 있게 만들고 있다.

AI 위험성에 대한 대응

인공지능 기술은 다양한 혜택을 제공하지만, 학습 과정에서 발생하는 편향성이나 '환각(Hallucination)' 현상으로 인해 허위 정보가 확산되는 등의 우려도 커지고 있다. 특히 자율 주행 차량의 사고처럼 AI가 인명 피해를 유발할 가능성은 시급한 대책 마련의 필요성을 강조한다. 이에 국제사회는 AI의 위험성을 경고하고, 대응 방안 마련에 적극 나서고 있다.

가장 적극적으로 대응하는 곳은 유럽연합이다. 유럽연합 집행위원회는 2021년 최초로 AI법(AI Act)을 제안한 이후 약 3년간의 협상과 합의를 거쳐, 지난 8월 1일 AI법을 공식 발효했다.

EU AI법은 AI 시스템을 수용 불가 위험(Unacceptable-risk), 고위험(High-risk), 제한적 위험(Limited-risk), 저위험(Low-risk)의 4단계로 분류하며, 위험 수준에 따라 각기 다른 규제를 적용한다.

고위험 AI: 제공자는 위험 관리 시스템을 구축하고, 기술 문서를 작성해 규정 준수 여부를 입증해야 한다.

제한적 위험 AI: 사용자에게 기계와 상호 작용하고 있음을 알리는 '투명성 의무'가 부과된다.

EU AI법은 발효됐지만 모든 조항이 즉시 적용되는 것은 아니며, 허용 불가 위험 및 고위험 AI에 대한 세부 시행령을 마련해, 단계적으로 시행할 계획이다(유럽연합 집행위원회, 2023). AI 기술의 발전이 가속화되는 가운

데, EU의 AI법은 안전하고 책임감 있는 AI 사용을 유도하는 중요한 이정표가 될 것이다.

미국도 AI 위험성에 대응하는 규제를 도입하고 있다. 2023년 10월, 바이든 행정부는 '안전하고 신뢰할 수 있는 인공지능 개발 및 사용'에 관한 행정명령 제14110호(이하 행정명령)를 발표했다.

이 행정명령은 AI의 안전성과 보안을 위한 새로운 표준을 수립하는 데 중점을 둔다. 이에 따라 AI 시스템 개발자는 안정성 테스트 결과와 기타 중요한 정보를 미국 정부와 공유해야 한다. 특히 국가 안보, 공중 보건 및 안전에 심각한 위협을 초래할 수 있는 '파운데이션 모델(Foundation Model)'을 개발하는 기업은 모델 훈련 단계에서 연방 정부에 통보하고 'AI 레드티밍(AI Red-Teaming)' 결과를 제공하도록 요구받는다.

AI 레드티밍은 AI 시스템의 결함 및 취약성을 식별하기 위한 구조화된 시험으로, 통제된 환경에서 개발자와 협업해 이루어진다. 전담 레드팀은 적대적 접근 방식을 통해 AI 시스템에서 유해하거나 차별적인 출력, 시스템 오용과 관련된 잠재적 위험을 식별한다. 행정명령은 국립표준기술연구소(NIST)에 레드팀 테스트를 위한 엄격한 기준을 설정하도록 지시했으며, 상무부는 AI로 생성된 콘텐츠에 대한 인증 및 워터마킹 지침을 마련해 생성물에 라벨을 부착하도록 했다.

이번 행정명령은 AI 시스템이 정식으로 공개되기 전에 사전 통보, 검증 및 공개를 의무화하는 등 기존 AI 규제보다 더욱 포괄적인 내용을 담고 있다는 점에서 중요한 의미를 지닌다. 그러나 일각에서는 구체적인 규제 방식과 검증 방법 준수에 대한 강제력이 부족하다는 점을 지적하며, 행정명령의 실효성에 한계가 있을 수 있다는 우려도 제기되고 있다.

AI 기술의 발전에 따라 미국 정부는 보다 안전하고 신뢰할 수 있는 AI 환경을 구축하기 위해 지속적으로 규제와 정책을 강화해 나갈 것으로 전망된다.

한편, 국내 IT 업계는 AI 기본법의 조속한 제정을 강력히 요청하고 있다. 업계는 AI 기본법이 제정되어야 정부의 명확한 정책 방향이 수립되고, 기술 개발 및 사업 확장에 필요한 환경이 신속하게 조성될 수 있다고 입을 모은다. 특히 빠르게 변화하는 AI 시장 상황을 고려해, 우선 큰 틀을 마련하고 세부 사항은 추후 논의를 통해 구체화해야 한다는 의견이다. AI 기술이 급성장하는 가운데, 해외 여러 나라가 AI 규제를 도입한 상황에서 AI 기본법은 국내 AI 산업의 체계적인 발전과 글로벌 경쟁력 강화를 위한 중요한 발판이 될 것으로 기대된다.

특허법상 AI 수용에 대한 다양한 논의

AI 시대에 접어들면서 특허법의 변화 필요성이 대두되고 있다. AI가 발명을 창출하는 사례가 등장함에 따라, 특허법에서 발명자의 정의를 보다 유연하게 적용해야 한다는 논의가 활발하다. 특허 심사 과정의 혁신, 데이터 및 알고리즘 보호, 그리고 국제 규제의 조화 역시 해결해야 할 주요 과제로 꼽힌다. AI 발명에 대한 논의는 2021년 8월부터 9월까지 진행된 전문가 협의체에서 본격적으로 이루어졌다. 교수, 변호사, AI 기업 관계자 등 40여 명이 참여한 협의체에서는 AI가 인간의 개입 없이 독자적으로 발명하는 것은 현재로서는 불가능하다는 데 의견이 모였다. AI는 발명의 도구로 활용되며, 발명의 상당 부분에 인간의 개입이 필요하다는 점에서 발명자로 인정하기에는 이르다는 것이다. 다만 향후 AI가 공동 발명자로 인정될 가능성은 열려 있으며, 현행법상 발명자는 자연인으로만 등재하도록 되어 있다.

국제 조화의 필요성도 제기됐다. 전문가들은 AI 발명 관련 법률이 국가마다 다를 경우, 국제적으로 특허 보호에 혼란이 발생할 수 있다는 점을 우려했다. 특히 AI 기술 강국들이 독점적 지위를 강화할 가능성이 있는 만큼, 선제적 입법보다는 주요국의 규제 흐름을 지켜보는 것이 필요하다는 의견이 우세했다.

AI 발명자 인정에 대한 논의는 국제사회에서도 활발하게 이루어지고 있다. 다부스 사건을 통해 AI 발명자의 법적 지위가 이슈로 떠올랐으며, 호주 등 일부 국가는 AI 발명을 인정하고 있지만, 대부분의 국가는 아직 AI를 발명자로 인정하지 않고 있다. 세계지식재산기구는 'AI 발명 보호'를 주요 의제로 채택하고, 각국의 전문가들이 참여하는 포럼을 개최하는 등 논의를 지속하고 있다.

또한 세계 5대 특허청(IP5)은 AI 발명자와 관련된 법적 사례 및 제도 현황을 공유하며, 2024년 최종 결과물을 발표할 예정이다. AI 발명의 보호를 위해 특허법을 개정할지 별도의 법을 제정할지는 여전히 논의 중이며, 전문가들은 현행법으로도 발명 보호에는 공백이 없다는 입장을 유지하고 있다.

결국 AI 발명자 인정 여부는 기술 발전 속도와 국제 규제 환경에 따라 변화할 가능성이 크며, 국제 협력을 통해 일관된 법적 기준을 마련하는 것이 가장 중요한 과제로 떠오르고 있다.

대한민국은 인공지능 기술 개발과 도입을 적극 추진

하며, 정부와 기업 차원에서 다양한 노력을 기울이고 있다. 정부는 반도체, 로봇, AI 등 첨단 기술 분야에 대한 투자를 확대하고, 2026년까지 글로벌 기술 협력과 우수 인재 유치를 강화할 계획이다(헤럴드경제, 2023).

국내 기업의 약 41퍼센트가 AI 기술을 도입하거나 도입 중이며, 23.8퍼센트는 실제 업무에 활용하고 있다(삼성SDS, 2023). 국내 AI 시장은 2023년 글로벌 AI 지수에서 62개국 중 6위를 기록하며, 알고리즘 기술 및 정부 정책 부문에서 높은 평가를 받았다(ITWORLD, 2023).

참고문헌

삼성 SDS(2023.3.15). 기업의 AI 도입 현황.
서울행정법원(2022). AI 발명 특허 출원 기각 사건 판결문.
유럽연합 공식 저널(2023). Artificial Intelligence Act – Official Journal of the European Union.
유럽연합 집행위원회(2023). Artificial Intelligence Act – Regulation Proposal. Retrieved from. https://ec.europa.eu
조선일보(2023.8.2). EU, AI법 공식 발효… AI 위험성 규제 강화.
중앙포브스(2023.2.28.). AI 스타트업의 성장.
최승재(2021). 인공지능에 의한 발명의 특허 인정 방안에 관한 연구.
특허청(2023). AI 발명자 인정 및 법제 현황 연구 보고서.
한국인공지능협회(2023). AI 법제화 및 산업 진흥 보고서.
한국인공지능협회(2023). AI 시대의 특허법 개정 필요성 보고서.
헤럴드경제(2023.5.12). 정부의 AI 투자 확대.

IP5(2023). AI 발명자 관련 법제 현황 및 국제 사례 공유 회의록.
IP5(2023). AI 발명자 법제 안건 승인 발표.
ITWorld(2023.4.5.). AI 시장 규모의 성장.
Stanford University(2023). AI Index Report 2023.
WIPO(2023). AI와 지식재산권 포럼 발표 자료.

차경애

㈜올비트앤 대표이사다. 올비트앤은 2012년 창업한 실버헬스케어 전문 기업으로 고령자의 돌봄과 보행을 지원하는 기술을 개발하고 제조한다. 서강대학교에서 영문학과 신문방송학을 전공하고 고려학교에서 생물심리로 (이학)석사 학위를 받았다. 가상현실에서의 뇌 지각(perception)반응에 대한 연구 “The Recalibration Effect of Time Perception Using a Virtual Environment”(2012)를 했고 연구 결과가 SCI 논문에 등재되었다. 『컴퓨터는 극장이다(A Computer is Theater)』(2008, 커뮤니케이션북스)의 번역자다. 미시건대학교에서 수강하고 KAIST 지식재산전략 최고위 과정을 수료했다. 현재 (사)한국여성벤처협회 부회장이며 (사)한국여성발명협회 이사로 활동하고 있다. 우수여성벤처기업으로 미래부 장관 표창, 우수여성발명기업으로 과기부 장관상, 서울특별시장 표창 등 다수의 표창을 수여했다. 제37회 대한민국학생발명전시회 종합심사 국민심사위원을 맡았고, 제57회 발명의날 산업포장을 수훈했다.